# Guide du potager

Coordination du projet: Rachel Fontaine
Conception graphique de la maquette intérieure: Martine Lavoie
Infographie: Johanne Lemay
Révision: Nicole Raymond
Correction: Catherine Lapointe et Sylvie Tremblay

Photographies: Benoit Prieur, Yves Gagnon et Diane McKay
Illustrations: Pierre Bourgouin
Traitement des images: Mélanie Sabourin

Potager de la couverture: Yannick Tétreault

## DISTRIBUTEURS EXCLUSIFS:

- Pour le Canada et les États-Unis:
  **LES MESSAGERIES ADP\***
  955, rue Amherst, Montréal  H2L 3K4
  Tél.: (514) 523-1182
  Télécopieur: (514) 939-0406
  \* Filiale de Sogides ltée

- Pour la Belgique et le Luxembourg:
  **PRESSES DE BELGIQUE S.A.**
  Boulevard de l'Europe 117
  B-1301 Wavre
  Tél.: (10) 41-59-66
       (10) 41-78-50
  Télécopieur: (10) 41-20-24

- Pour la Suisse:
  **TRANSAT S.A.**
  Route des Jeunes, 4 Ter
  C.P. 125
  1211 Genève 26
  Tél.: (41-22) 342-77-40
  Télécopieur: (41-22) 343-46-46

- Pour la France et les autres pays:
  **INTER FORUM**
  Immeuble Paryseine, 3 Allée de la Seine, 94854 IVRY Cedex
  Tél.: (1) 49-59-11-89/91
  Télécopieur: (1) 49-59-11-96
  **Commandes:** Tél.: (16) 38-32-71-00
             Télécopieur: (16) 38-32-71-28

BENOIT PRIEUR

# Guide du ptager

LES ÉDITIONS DE
L'HOMME

**Données de catalogage avant publication (Canada)**

Prieur, Benoit

  Guide du potager

  Comprend un index.

  1. Horticulture potagère.  2. Potagers.  3. Jardinage biologique.
  4. Horticulture potagère — Québec (Province).
  I. Titre.

SB323.P75      1995      635.04      C95-940374-4

Ce livre a été produit grâce au système d'imagerie au laser
des Éditions de l'Homme, lequel comprend:

- Un digitaliseur Scitex Smart TM 720 et
  un poste de retouche de couleurs Scitex Rightouch™;
- Les produits Kodak;
- Les ordinateurs Apple inc.;
- Le système de gestion et d'impression des photos avec
  le logiciel Color Central® de Compumation inc.;
- Le processeur d'images RIP 50 PL2 combiné avec
  la nouvelle technologie Lino Dot® et Lino Pipeline® de Linotype-Hell®.

© 1995, Les Éditions de l'Homme,
une division du groupe Sogides

Dépôt légal: 2e trimestre 1995
Bibliothèque nationale du Québec

ISBN 2-7619-1233-0

*AR18, 908* X

*Le jardinage est un apprentissage de
la sensualité: le soleil réchauffe la terre,
le vent la caresse et la pluie la mouille.
Il ne reste au jardinier qu'à la féconder avec amour
pour qu'elle produise
les légumes les plus nourrissants.*

Benoît Prieur

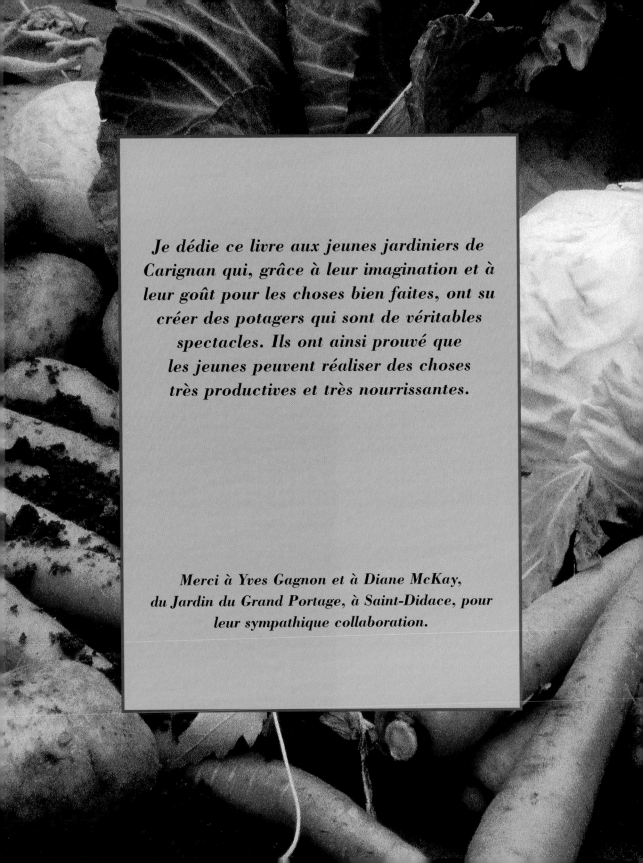

*Je dédie ce livre aux jeunes jardiniers de Carignan qui, grâce à leur imagination et à leur goût pour les choses bien faites, ont su créer des potagers qui sont de véritables spectacles. Ils ont ainsi prouvé que les jeunes peuvent réaliser des choses très productives et très nourrissantes.*

*Merci à Yves Gagnon et à Diane McKay, du Jardin du Grand Portage, à Saint-Didace, pour leur sympathique collaboration.*

# PRODUIRE POUR LE PLAISIR

Ce n'est pas pour économiser que l'on décide de semer ou de planter des légumes. C'est pour le plaisir. Le plaisir de jardiner, le plaisir de se mettre les mains dans la terre, le plaisir de voir pousser les légumes et le plaisir de croquer dedans dès qu'ils sortent des bras de Mère Nature.

Cultiver des légumes est donc à la fois un passe-temps, un jeu et, pour certaines personnes, un véritable défi. C'est le cas des jeunes de Carignan, près de Montréal, qui ont participé à un concours de potager dont le principe existe depuis plusieurs années. Ces jeunes, âgés de sept à dix-neuf ans, ont demandé à leurs parents de leur laisser un petit bout de terrain pour cultiver des légumes. Puis ils se sont lancés dans l'aventure.

Naturellement, les prix rattachés au concours étaient assez importants pour motiver les enfants à y participer; mais plusieurs ont dépassé spontanément les critères du concours. Pris au jeu, ils ont voulu se surpasser eux-mêmes. Ils ont inventé des formes, des thèmes, des dessins pour leur potager, et ont mis sur terre toutes sortes d'idées aussi farfelues qu'intéressantes. Plusieurs d'entre eux ont déployé un véritable acharnement à faire entrer, dans le petit espace qui leur était dévolu, tous les légumes qu'ils voulaient faire pousser. D'autres ont fait du jardinage un art. Ils ont passé autant de temps à composer la base de leur jardin qu'à cultiver.

Mais ce qui est sans doute le plus étonnant, pour un adulte non averti, c'est de voir avec quel enthousiasme, avec quelle passion, les jeunes se sont occupés de leur jardin. Ils y ont planté des fleurs, ils y ont installé de véritables sculptures et ont testé des moyens d'améliorer la culture proprement dite.

Cet ouvrage vous permettra de découvrir plusieurs réalisations des jeunes de Carignan, tant sur le plan du jardinage que sur le plan de l'innovation. L'origine de quelques-unes a pu être identifiée, mais je ne peux malheureusement pas rendre publiquement hommage à la merveilleuse créativité des jeunes participants, les organisateurs du concours ayant refusé catégoriquement de me mettre en contact avec eux.

Pour bien cultiver leur jardin, il a fallu aux jeunes de Carignan une bonne dose d'observation. Ils ont dû observer d'abord la documentation qu'on leur avait remise concernant un jardin et les légumes qu'ils allaient cultiver. Ensuite, ils ont dû beaucoup observer la nature. Il fallait tenir compte du temps qu'il faisait: par exemple, ils arrosaient seulement s'il faisait chaud ou s'il n'avait pas plu pendant plusieurs journées. Les jeunes se voyaient portés naturellement à observer la nature non seulement *autour* du jardin, mais également *dans* le jardin. Ils ont appris comment poussaient les légumes l'un après l'autre; comment il fallait un peu les dorloter pour mieux les contrôler et, en fin de compte, pour obtenir une récolte intéressante.

Tout cela m'amène à affirmer que lorsque l'on cultive des légumes, il est certain que même si notre but est de s'amuser, on économise. On dépense évidemment moins à l'épicerie. Mais surtout, le corps et l'âme ressortent grandis de l'expérience. Nous apprenons à nous satisfaire de ce que la nature nous donne: le soleil, la pluie, le vent. Cela n'a pas de prix. Si tous les jeunes avaient la chance d'apprendre ces choses-là tout en s'amusant à produire des légumes, ils seraient certainement plus heureux, et leurs parents aussi.

# PREMIÈRE PARTIE

## POTAGERS TOUT TERRAIN

- Grands potagers
- Petits potagers productifs
- Potagers pour jeunes débutants
- Potagers mosaïques
- Potagers thématiques
- Potagers poétiques
- Potagers dans les fleurs
- Potagers fleuris
- Potagers colorés
- Potagers fous
- Potagers et oiseaux
- Potagers à l'ombre
- Coin fines herbes
- Décorer avec des légumes

*Toutes proportions gardées, il n'est pas beaucoup plus compliqué de cultiver un grand potager qu'un petit. Le temps que l'on y passe n'est pas beaucoup plus long si l'on a pris soin de l'organiser dans ce but précis.*

Avoir un grand potager comporte bien des avantages, entre autres de faciliter la décoration avec des fleurs, le compagnonnage (technique qui consiste à placer ensemble les plantes qui s'aident) et la rotation des cultures. Dans un grand potager, les allées de circulation sont indispensables. Elles doivent être suffisamment larges et nombreuses pour permettre un accès facile à toutes les parties du jardin.

*Ian Beauclair*

14

Pour mieux contrôler les différents aspects de la culture, le jardinier a divisé son terrain en planches surélevées, entourées d'un cadre de bois. Cette façon de procéder facilite également l'entretien et permet de cultiver un type de légume particulier dans chaque planche.
*Mathieu Damian*

La culture d'un grand potager n'interdit pas la recherche d'une certaine esthétique. Pour que ses rangs de semis soient droits, le jardinier a tendu une corde d'un bout à l'autre de la planche.
Notez que ce sont des semis de deuxième ordre (aussi appelés semis successifs) qui permettent d'étaler la récolte sur plusieurs semaines.
*Mathieu Damian*

Dans cette planche réservée à la culture des concombres, le jardinier a aussi semé quelques plants de tournesol avec l'espoir qu'ils atteindront rapidement une hauteur suffisante pour servir de tuteur aux plants de concombres. Dans ce type d'organisation, les planches doivent être suffisamment étroites pour permettre un accès facile aux légumes. Les allées qui séparent les planches ont été recouvertes d'un paillis de copeaux afin de rendre le travail du jardinier moins salissant, donc plus agréable.

*Mathieu Damian*

Pour faciliter la rotation des légumes cultivés en petites quantités ou des légumes qui prennent peu de place, les planches peuvent être divisées dans le sens de la longueur. Ainsi, l'année suivante, les poivrons pourront être plantés à l'avant et les oignons à l'arrière.

*Mathieu Damian*

Autre façon très sophistiquée d'organiser un grand potager: former des allées en pavés de béton. Attention cependant: les îlots ainsi créés, s'ils sont trop petits, peuvent sécher rapidement, car le béton absorbe la chaleur et la transmet à la terre environnante. Il faudra donc surveiller de près l'arrosage.

*Yannick Tétrault*

Le jardinier artiste peut concevoir son grand potager littéralement comme une mosaïque. Ici, ce sont les fleurs qui divisent le terrain en planches et déterminent l'emplacement de chaque légume; de plus, les œillets d'Inde utilisés ont la réputation d'éloigner les insectes. Le seul inconvénient d'un tel potager réside dans le fait que lorsqu'ils sont parvenus à pleine maturité, les légumes couvrent entièrement les petites allées.

*Véronique Poitras*

17

Ce grand potager rectiligne situé en contrebas de la maison n'est pas dépourvu d'esthétique. En effet, vus de la résidence, les légumes sont disposés en ordre croissant de hauteur. De plus, le maïs planté le long de l'eau sert de brise-vent pour le reste des cultures. Un potager de ce type est très facile à entretenir puisque les allées sont droites.
*Maurice Laurier*

Il est très fréquent que les amateurs de grands potagers bordent un des côtés du terrain avec des plantes hautes, afin de diriger le regard vers les légumes situés à l'avant de cet écran. Il est important cependant que ces plantes hautes ne créent pas d'ombre aux autres légumes. Il faut par conséquent bien étudier la trajectoire du soleil.
*Daniel Pezat*

*Les petits potagers ne sont pas toujours situés sur de petits terrains. C'est souvent parce qu'on ne veut pas y consacrer beaucoup de temps qu'on crée un petit jardin. Mais il y a plusieurs façons d'en aménager un afin qu'il donne les meilleurs rendements.*

Voici une façon très agréable de diviser le potager en quatre parties. Les allées sont réduites à leur strict minimum et, pour donner à l'ensemble une allure très décorative, on les a recouvertes de gazon séché. Dans ce dessin, les fleurs n'ont pas été oubliées; elles apportent une touche de couleur qui égaie la verdure.

**Nadine Leclair**

Quand on jardine pour s'amuser, il n'est pas nécessaire de semer ou de planter un grand nombre de légumes. Quelques-uns suffisent pour plaire au palais du jardinier le plus gourmand. De plus, on évite ainsi les pertes. Remarquez la façon dont la jeune jardinière a apporté un soin particulier à l'esthétique, même si la superficie est très réduite.

*Nadine Leclair*

Quand un petit potager a une forme géométrique et qu'on l'a inclus dans la pelouse, il est recommandé d'en délimiter les contours avec du bois ou, mieux encore, avec des bordures de béton qui, elles, ne pourrissent pas. Laitue, oignon, tomate et concombre, voilà quatre légumes de base qui permettent de préparer quelques bonnes salades fraîches pendant l'été. Si l'on sème ou plante toujours les mêmes légumes, il est indispensable de les changer de place chaque année. C'est ce qu'on appelle la rotation des cultures.

*Luc Lemire*

Pour rendre un petit potager productif, première règle: choisir avec soin les légumes que l'on veut cultiver; deuxième règle: les agencer pour qu'ils prennent le moins de place possible. Sur cette photo, les laitues prennent peu de place; dès qu'elles seront récoltées, les oignons jouiront de tout l'espace dont ils ont besoin pour arriver à maturité. Il n'est pas interdit non plus, dans un petit potager, de réserver un peu de place aux fleurs.

Dans ce potager aux dimensions relativement réduites, coincé entre une haie et une plate-bande, la règle des intervalles entre les plants a été légèrement modifiée pour permettre un rendement maximum. Les plants sont un peu plus serrés que la règle le dicte habituellement, mais avec un entretien soigné et régulier, le potager peut quand même donner de bonnes récoltes.

Afin de compenser pour l'utilisation intensive du sol, il est cependant indispensable d'apporter une bonne dose de matière organique au moment du bêchage, à l'automne ou au printemps.

*Michel Guillemette*

21

*Pour intéresser un jeune de dix, onze ou douze ans à cultiver quelques légumes, il faut prendre soin de lui présenter cette activité comme un jeu. Pour jouer, il faut de l'espace. Il est bien évident que dans ce genre de potager, l'utilisation de l'espace ne suit pas une règle fixe. Le bêchage, indispensable à la mise en place des légumes, pourra être réalisé par un adulte en compagnie de l'enfant.*

Un petit rang de carottes, un petit rang d'oignons, un petit rang de radis, quelques haricots, un bouquet de laitues, un bouquet de betteraves, deux ou trois plants de tomates, et voilà qui pourra sans contrainte intéresser le jeune jardinier à cultiver des légumes qu'il consommera lui-même et qu'il pourra même faire goûter au reste de la famille. Les enfants aimant beaucoup les fleurs, pourquoi ne pas donner au vôtre quelques plants qu'il installera n'importe où, à son gré, pour décorer l'espace qu'il aura réservé à ses cultures. Pour l'aider à reconnaître les endroits où tel ou tel légume sortira de terre, on pourra lui suggérer d'installer de petites pancartes représentant la forme des légumes en question.

Dans ce bébé potager, encadré de bois et situé juste à côté du potager familial plus grand, l'enfant n'aura aucun mal à se sentir chez lui. Il saura, sans se poser de questions, quels sont les légumes dont il a la responsabilité. Le désir de l'enfant de cultiver des concombres aurait posé un problème si l'on n'avait pas trouvé la solution suivante, qui consiste à faire grimper ces plantes envahissantes sur des ficelles tendues entre deux piquets. Le choix des laitues et des radis comme légumes pour débutant permet d'enseigner aux jeunes la technique des semis successifs, ces deux légumes pouvant être semés plusieurs fois de suite durant la saison.

La jeune demoiselle qui a cultivé ce petit lopin de terre a fortement insisté pour que ses légumes verts soient brillamment entourés de fleurs. Il aura suffi de quelques plants de tomates, de bettes à carde, de haricots, de laitues et de radis pour rendre son été plus intéressant que si elle l'avait passé à ne rien faire. Les enfants apportant généralement de très bons soins aux végétaux qu'ils cultivent, il suffit simplement d'espacer les espèces de légumes pour que la jeune jardinière puisse admirer ses légumes de près.

23

Une bonne façon de motiver les jardiniers en herbe à s'occuper de leur potager consiste à leur laisser entièrement le choix de la décoration. Dans ce cas-ci, la jeune fille a voulu inscrire ses initiales dans le jardin. L'allée recouverte de paille reproduit donc la forme d'un M, la première lettre de son prénom.

Quand grand frère et grande sœur décident de s'occuper du jardin familial, ils peuvent donner à petite sœur l'impression d'être, elle aussi, très utile en lui réservant un petit coin à l'une des extrémités du jardin. Quelques rangs de laitues et de radis semés en diagonale feront la joie de petite sœur qui ne tarira plus de fierté quand la visite viendra admirer son travail.

*Dans un potager mosaïque, on divise l'espace en formes géométriques dans lesquelles on dessine des motifs très variés. On joue avec les couleurs des légumes, avec leurs formes, avec la texture du feuillage et, bien sûr, avec la couleur des fruits. On ajoute des fleurs pour compléter le dessin. Bref, dans un potager mosaïque, l'imagination est sans limites.*

Cette mosaïque très simple peut prendre des aspects très particuliers, selon que l'on utilise un légume ou un autre pour remplir les espaces. Mieux encore, d'une année à l'autre, on pourra garder le même dessin, mais varier quand même l'aspect du potager en utilisant des légumes différents ou les mêmes légumes mais à un endroit différent. Le choix des fleurs qui viennent colorer la composition est évidemment crucial pour produire un effet majestueux.

*Nadine Leclair*

La composition de cette mosaïque, dont les lignes sont tracées avec des pavés de béton, est un travail colossal entrepris par un jeune de dix-neuf ans qui voulait créer quelque chose d'inoubliable pendant son été. Remarquez comment chaque légume trouve la place dont il a besoin pour pousser sans nuire à la composition du potager. Même si le même légume est cultivé à plusieurs endroits, il n'y a pas de symétrie proprement dite. Les couleurs sont agencées en fonction de la teinte du feuillage des légumes, mais aussi de la couleur des fleurs et du feuillage des fines herbes qui, bien entendu, font partie du décor.

*Yannick Tétrault*

Quand on observe en détail chaque îlot de cette immense mosaïque, on ne peut qu'admirer la grande créativité de l'artiste. Elle se manifeste non seulement dans l'utilisation des feuillages pour créer un effet, mais aussi par les lignes que suivent les semis, qui donnent à chaque dessin un mouvement unique.

*Yannick Tétrault*

Pour créer des effets percutants, l'artiste a utilisé non seulement le contraste entre la texture des feuillages, mais également leur couleur. Il a quand même réussi à respecter à peu de choses près l'intervalle nécessaire entre les légumes pour qu'ils poussent vigoureusement.

*Yannick Tétrault*

Une mosaïque peut aussi être toute végétale. Dans cette composition, ce sont les œillets d'Inde et les pensées violettes qui font la séparation entre les différents tableaux de la mosaïque. Sur les quatre tableaux, trois sont occupés par une seule sorte de légumes. Pour créer un impact visuel plus intéressant, il aurait fallu que l'espace situé au premier plan soit occupé entièrement soit par les laitues, soit par les bettes à carde.

*Véronique Poitras*

En mosaïculture, on peut également utiliser les végétaux pour écrire des lettres. Ici, la jardinière a choisi d'utiliser les légumes pour remplir les espaces créés par le M, dessiné par les allées en paille, qui illustre la première lettre de son prénom.

Une façon très originale de signer la création de son potager, c'est d'y inscrire ses initiales. Ici, Nadine Leclair l'a écrit avec des semis de radis, qui ne prennent pas trop d'ampleur.
*Nadine Leclair*

Quand le potager n'est pas trop grand, il peut constituer dans son ensemble une mosaïque complète. Il est important, dans ce cas, de tracer un plan sur papier pendant l'hiver. Dès que le temps le permet, on reproduit le dessin sur le terrain en se servant de piquets et de ficelles pour délimiter les espaces et définir l'emplacement des rangs.

*Albert Gunhouse*

Si le potager mosaïque est intéressant à regarder dès le printemps, c'est en été qu'il montre tout son éclat. Au cours de cette saison, le feuillage des légumes prend toute sa couleur et marque tous les contrastes. Pour faciliter l'entretien d'un tel jardin, le jardinier a laissé suffisamment d'espace entre les rangs pour pouvoir y passer son râteau. Il le fait toutes les semaines, ce qui permet de détruire les mauvaises herbes dès qu'elles commencent à germer.

*Albert Gunhouse*

Quand on ne vise pas absolument une grande récolte, on peut donner au potager la forme d'un objet, par exemple un seau. Ici, l'anse du seau est constituée de pensées jaunes. Le seau lui-même est délimité à l'extérieur par des cinéraires argentées, dont le feuillage gris symbolise le métal. Le dessus du seau est constitué de pensées blanches à reflets mauves qui se marient très bien au gris des cinéraires. Notez comment la jeune jardinière a su utiliser un paillis avec subtilité, à la fois pour donner une texture à la composition et pour faciliter l'entretien du potager.

*Laurie Fortin*

Ce potager de conception modeste laisse tout de même une grande place à la fantaisie, à l'asymétrie et à l'irrégularité dans les lignes et dans les longueurs. Mais pour que jardiner demeure d'abord un jeu, un passe-temps, un amusement, il serait vraiment exagéré de vouloir absolument créer des formes parfaites. Quand on crée un potager mosaïque pour la première fois, il faut se donner le temps de faire des essais. Au bout de deux ou trois ans, on pourra produire les formes exactes et le dessin que l'on a imaginés dans son esprit.

*Marie-Eve Pépin*

30

*Un potager thématique, c'est un jardin conçu de façon à reproduire un dessin représentant un jeu, un personnage ou un emblème, par exemple, ou encore un jardin créé sur la base d'une couleur. Dans un potager rouge, on cultive des tomates, des poivrons, des haricots, des radis. Dans les tons de jaune, on retrouve encore des tomates, des poivrons, des carottes, des courgettes, des cantaloups, du maïs. Évidemment, on assortira les fleurs en conséquence.*

Quand l'imagination travaille, il n'y a rien pour l'arrêter. Voici un jeune volcan en début de croissance. Le rond de carottes et le rond d'oignons symbolisent la forme arrondie d'une montagne volcanique. La terre monte un peu et au sommet du volcan pousse une laitue qui prendra tout son sens lorsque, en fin de saison, le jardinier l'aura laissée monter en graines pour simuler le nuage de fumée d'une éruption. Sur les pentes du cratère, les fleurs symbolisent les coulées de lave. Tout à fait hors contexte, notez à l'arrière du volcan le chat de plâtre dont le rôle est de dissuader les oiseaux de venir picorer dans le jardin.

**Francis Poisson**

31

Une chevelure en laitues, un sourire en radis, des yeux et un nez en fines herbes (au choix), il ne manque à ce petit bonhomme souriant que les oreilles. Pour que ce visage hilarant soit visible de loin, notez comment la jeune jardinière a pris soin d'en incliner la surface.

Bien que le tic-tac-toc soit un jeu rapide, on peut en figer le mouvement dans un dessin très élaboré, mariant à la fois les légumes et les fleurs. Dans cet exemple, un des joueurs déplace les œillets d'Inde jaunes, l'autre les célosies rouges. Dans chaque carré, les fleurs sont entourées d'un légume différent. À noter que les œillets d'Inde ont gagné; on le voit par la ligne qu'ils forment en diagonale de droite à gauche.

*Mesdemoiselles Landreville*

Ce jeune trèfle à quatre feuilles ne suffirait pas pour nourrir la famille du jardinier. C'est pourquoi il a été encadré par des plates-bandes dont la forme épouse celle des feuilles du trèfle. Pour relever un peu la composition et lui donner du relief, le centre a été agrémenté d'un plant de rhubarbe. Les allées profondes auraient sans doute gagné à être un peu plus larges pour faciliter le passage.

Au potager comme dans tous les coins du jardin, il n'y a pas de raison de mettre un frein à l'imagination. On peut aménager son potager de façon à y créer un petit monde à soi ou bien, plus simplement, on peut le remplir de personnages fictifs auxquels on donne un rôle attachant. C'est ce qu'a décidé de faire Annie Aubut, une jeune adolescente de Carignan qui a même écrit un petit poème pour illustrer l'histoire de son jardin.

### SPRIDIN

*Par une belle journée ensoleillée,*
*Dans un beau potager,*
*Maman Lapin et ses deux rejetons*
*S'ébattaient joyeusement sous les ardents rayons.*

*Pendant que Maman mangeait des radis*
*Et que nos deux amis jouaient à cache-cache*
*Soudain apparut, comme venu du Paradis,*
*Un petit lutin à la longue moustache.*

*Il eut tôt fait d'attirer l'attention*
*De nos deux compagnons*
*Qui l'inondèrent de questions*
*Jusqu'à ce qu'ils manquent de respiration!*

*D'où venez-vous?*
*Que faites-vous?*
*Où allez-vous?*
*Comment vous appelez-vous?*

*Ouf! dit notre pauvre lutin,*
*Laissez-moi un peu respirer*
*Je m'appelle Spridin*
*Si vous êtes intéressés.*

*Ah! oui? Pourquoi venir en ces lieux?*
*Je suis venu chercher mon butin.*
*Mais quel butin?*
*Celui qui est ici, celui qui vient des dieux.*

*En fait, Spridin est l'esprit protecteur affecté*
*À mon potager*
*Pendant les vingt-quatre heures d'une journée*
*Lors des chauds mois de l'année.*

*Annie Aubut*

*Que ce soit par manque d'espace, par souci d'originalité ou sim-
plement pour apporter une touche artistique à la méthode du compagnonnage, de plus en plus de jardiniers incorporent des légumes
dans leur jardin d'agrément. Voici quelques suggestions.*

## DES LÉGUMES DÉCORATIFS

Pourquoi installer des légumes parmi les fleurs et vice-versa? Pour de multiples raisons.

### LES BEAUX FEUILLAGES

Certains légumes ont un feuillage si remarquable que leur présence embellit spontanément une plate-bande.

Les **betteraves**, au feuillage luisant, vert veiné de rouge, constituent une excellente bordure pour les plates-bandes d'annuelles.

Les **carottes**, au feuillage fin, vert tendre, donnent de la variété lorsqu'on les sème en mélange avec des fleurs annuelles et des vivaces de petites dimensions.

Les **choux**, en particulier les choux de Savoie, les choux frisés, les choux rouges et les kales, au feuillage bleuté, sont très utilisés pour leur beauté.

Les **asperges**, au feuillage fin, vert émeraude, ont l'aspect de véritables arbustes et peuvent jouer un rôle décoratif dans les plates-bandes d'arbustes et de vivaces hautes.

En bordure de n'importe quelle plate-bande ou massif, semez des graines de **laitues** en feuilles, que vous espacez de 4 ou 5 cm les unes des autres. Consommez les laitues très jeunes et, au début, ne coupez qu'un plant sur deux. Au fur et à mesure que la bordure est consommée, semez d'autres graines. Répétez l'opération jusqu'en août.

### LA CROISSANCE ORIENTÉE

Quelques plantes peuvent être vraiment utiles parmi les fleurs. Le **concombre**, le melon et le **tétragone** (sorte d'épinard) sont d'excellents couvre-sol annuels à faire pousser parmi les fleurs vivaces, dont ils protègent les racines des grandes chaleurs.

Le **maïs** peut servir de tuteur aux plantes grimpantes annuelles — pois de senteur, dolique, ipoméa, etc. — mais aussi au concombre. Il constitue aussi une excellente haie instantanée.

Le **haricot grimpant** agrippé à un treillis peut servir d'écran d'intimité estival autour de la terrasse.

### QUELQUES CURIOSITÉS

Si l'on considère la **rhubarbe** comme un légume, il ne faut pas

sous-estimer sa valeur décorative. Ses feuilles vertes forment un arrière-plan vigoureux pour les fleurs de toutes les couleurs. Quand les conditions s'y prêtent, elle forme une imposante inflorescence blanche qui monte parfois à plus de 1,50 m.

Dans les plates-bandes de vivaces, les **fraisiers** constituent des couvre-sol fort décoratifs. De plus, en gardant le sol à l'ombre, les feuilles réduisent l'effet desséchant du soleil et aident à économiser l'eau d'arrosage.

Pour donner à vos boîtes à fleurs et à vos jardinières suspendues un aspect inhabituel, plantez parmi les fleurs un ou deux plants de **fraisier** *«Quatre-saisons»* qui donne des fruits tout l'été. Attention, cependant: il faudra les planter dans une plate-bande en automne pour s'assurer qu'ils survivent à l'hiver.

Lorsqu'on en dénude la partie inférieure, le **tournesol** devient un excellent tuteur à tomates, à condition que la terre soit très riche et que ces deux plantes soient espacées d'au moins 20 cm.

## DES FLEURS PARMI LES LÉGUMES

Imaginez un **grand cercle** occupant la moitié de la surface de votre cour. Imaginez que vous avez bêché cet espace et soigneusement enrichi la terre. Voici une façon simple d'en faire un lieu de gourmandise pour les cinq sens. En respectant leur besoin d'ensoleillement, plantez dans l'ordre qui vous plaît — ou même dans le désordre — quelques choux, tomates, oignons et fines herbes.

Réservez de l'espace pour semer concombres, laitues et carottes, et pour planter quelques tubercules de pommes de terre. Dans l'espace inoccupé, que vous aurez pris soin de râtisser profondément, semez des fleurs annuelles à floraison rapide: capucine, souci, cosmos, pavot annuel, zinnia, godétia, clarkia, etc. Formez des massifs denses pour donner à la composition un impact visuel saisissant.

## SUR UN TERRAIN NEUF

Vous venez d'emménager dans une nouvelle maison. Le terrain est pratiquement vierge; l'aménagement paysager est rudimentaire. Voici comment remplir l'espace tout en laissant pousser quelques légumes dont la croissance aura eu l'avantage d'éliminer, ou de vous forcer à éliminer, les mauvaises herbes. Ces fruits et légumes nettoyants sont: les concombres, les melons, les courges, les courgettes, les citrouilles et bien sûr le maïs.

Cette majestueuse rhubarbe semble vouloir protéger les oignons, les pissen-lits, les soucis et même les courges et les concombres qui l'entourent. Pour rendre le décor encore plus vibrant, on aurait pu planter quelques laitues au feuillage vert clair tout autour de la rhubarbe et installer ici et là quelques plants de célosies à feuillage et à fleurs rouges.
*Édith Smeesters*

Lorsque l'on mélange des fleurs et des légumes de différentes hauteurs, la seule restriction à respecter réside dans la quantité d'ombre que peu-

vent supporter les légumes plus bas que les fleurs. En général, les légumes à feuillage, comme les choux, les laitues et les épi-nards, supportent bien l'ombre passagère. Ici, dans ce qui semble être un mélange inextricable, on retrouve des cosmos, des tomates, des choux, de la bour-rache, du fenouil, des soucis. Malgré les apparences, l'accès aux légumes est assuré par des allées recouvertes d'un paillis de copeaux hachés.
*Édith Smeesters*

La couleur des fleurs ne serait sans doute pas aussi belle et aussi vibrante si elles n'étaient pas entourées de feuillage vert. Par conséquent, il est très acceptable sur le plan esthétique de parsemer les plates-bandes fleuries de légumes au feuillage prédominant. C'est ce qu'on a fait ici avec une touffe de haricots.

Si, dans ce potager, les fleurs ont un rôle essentiel à jouer dans la protection des légumes contre les insectes, elles ont aussi une importance gastronomique. En effet, les soucis, les capucines et les cosmos font partie des fleurs comestibles. Grâce à elles, on joint donc l'utile à l'agréable, et quand on récolte les légumes, on coupe quelques fleurs pour varier le menu et en même temps décorer les plats.

*Édith Smeesters*

38

Cette immense plate-bande ressemble plus à un océan de soucis et de rudbeckies qu'à un potager. Mais c'est au jardinier de choisir ses priorités! Remarquez le contraste intéressant entre l'aspect léger des fleurs et l'aspect massif des choux ainsi qu'entre la forme incertaine du massif de fleurs et la ligne droite du rang de choux.

*Édith Smeesters*

*Certaines fleurs jouent un rôle précis dans la protection des légumes, mais lorsqu'on décide de fleurir un potager, c'est aussi pour y mettre de la couleur, de la vie, du mouvement. Le jardinier peut choisir l'emplacement de ses fleurs, l'importance qu'elles vont prendre et leur couleur, bien entendu. A priori, il n'y a aucune limite en ce qui concerne la sorte de fleurs qui peut être utilisée. Pourquoi se limiter aux annuelles? On peut aussi y mettre des plantes à bulbe et des vivaces.*

La couleur orange du muflier nain donne un éclat lumineux à ce coin de potager. L'effet est d'autant plus saisissant que la hauteur des rangées de muflier est à peu près la même que celle des laitues et des carottes, dont les rangées sont perpendiculaires aux rangs colorés. À noter que les mufliers définissent une allée dans laquelle sont plantées des fines herbes, en particulier de la sauge et du basilic, que l'on contourne pour circuler.

***Caty Fortin***

À la croisée des chemins de ce potager mosaïque, aux allées perpendiculaires, un petit tonneau fleuri marque le centre du potager. La lobélie annuelle qui tombe en cascade sur ses parois extérieures se retrouve dans les plates-bandes environnantes, en alternance avec des œillets d'Inde.

*Nadine Leclair*

Quand on utilise des dahlias pour fleurir le potager, c'est généralement parce que l'on veut donner une impression de grandeur ou que l'on veut créer une sorte de haie temporaire entre les rangs de légumes. Il est important de respecter les distances de plantation afin que les plants de fleurs et de légumes ne se fassent pas concurrence, pour la nourriture, pour l'eau et pour l'ensoleillement.

Pour créer un effet de tapis, on utilise des fleurs qui ne poussent pas beaucoup plus haut que le légume avoisinant. Dans ce cas-ci, les pétunias sont à la même hauteur que les feuilles de concombres. La couleur mauve du pétunia donne une sorte d'uniformité à l'ensemble, en évitant les contrastes trop violents.

À peu de choses près, ce potager est une immense masse végétale. Pourtant, l'harmonie y règne avec vigueur. Cette harmonie est principalement due au soin apporté par le jardinier à installer les plantes les plus basses en avant et les plus hautes en arrière. Parmi les fleurs qu'on voit le plus souvent dans les jardins, notez la présence d'un canna à feuilles brunes. Étant donné la place que prend cette plante dans l'apparence de l'ensemble, il aurait été judicieux d'en planter plusieurs dans le potager pour atteindre un certain équilibre dans les couleurs.

Pour créer un potager fleuri, pas besoin de mélanger les fleurs aux légumes. On peut planter les fleurs tout autour du potager. Ici, le feuillage des oignons attire l'œil vers les glaïeuls qui dépassent de la végétation. À l'avant, la forme et la couleur des soucis contrastent avec les feuillages érigés des autres plantes. Les soucis sont placés à côté des choux dont la forme arrondie équilibre l'ensemble. Si les fleurs du potager sont parfois comestibles, dans beaucoup de cas elles sont également utilisées comme fleurs coupées pour la maison.

Théoriquement, il n'y a pas de limite dans le choix des fleurs qui décorent le potager. Il faut cependant se rappeler que certaines d'entre elles, comme le cléome, sont des plantes au feuillage dense et de grande envergure. Ces fleurs créent une ombre assez dense qui ne convient pas à tous les légumes. Un massif de cléomes en plein milieu du potager peut servir de fond pour mettre en valeur des contrastes intéressants de feuillage. On plantera autour du massif des oignons, des poireaux, des carottes, des choux, par exemple.

Une petite touffe d'œillets d'Inde par-ci, une petite touffe de pensées par-là, une autre de mufliers suffisent à décorer ce potager qui devient une masse un peu inorganisée, mais qui ne perd pas son charme pour autant. Les légumes sont semés ou plantés de la même façon, un par-ci, un par-là, en alternance avec les fleurs. Cet assemblage permet de montrer la couleur et la sensualité de la terre nourricière. Le seul inconvénient d'une telle composition réside dans son entretien. Il faut s'assurer que les touffes de légumes et les touffes de fleurs sont suffisamment espacées pour qu'on puisse circuler.

*Tous les légumes ont une couleur différente. Le jardinier peut donc se lancer dans la création de véritables fresques ou de tableaux dignes des grands maîtres.*

On peut avoir autant de plaisir à agencer les couleurs dans un potager que dans un jardin de vivaces. Il y a des laitues vertes et il y a des laitues rouges. Le feuillage rougeâtre des betteraves se marie bien avec celui, plus vert et plus dentelé, des carottes. Il existe des choux à feuillage verdâtre, d'autres à feuillage bleuté, d'autres à feuillage rouge. Il y a du gris dans les feuilles de courge. Il y a du jaune, du rouge bourgogne et plusieurs tons de vert dans le feuillage des différentes sauges. Le jardinier artiste a planté quelques fleurs de verveine et quelques coléus pour ajouter des couleurs vives. Les pavés de béton aux teintes rosées assurent le lien entre tous ces éléments.

*Yannick Tétrault*

Laitues vertes et laitues rouges forment un contraste qui stimule les papilles et ravit le regard. *(Détail du potager de la page précédente.)*
*Yannick Tétrault*

Oignons, carottes, betteraves et choux ont des feuillages qui, en contraste ou en harmonie, se marient bien au gré des fantaisies du jardinier. *(Détail du potager de la page précédente.)*
*Yannick Tétrault*

*Un potager fou est un potager où l'on fait ce que l'on veut. On plante les légumes dans un ordre non planifié, à des intervalles pas toujours recommandés et on les mélange avec des fleurs ou avec toute autre plante qui nous plaît. Étonnamment, si les potagers fous sont bien entretenus, ils peuvent donner d'aussi bonnes récoltes que les potagers les mieux organisés.*

À l'échelle du rang de jeunes carottes, qui zigzague jusqu'au fond du potager, les deux plants de céleri ont l'air de grands arbres perdus dans la nature. En plein milieu des carottes, les quelques betteraves ressemblent à de véritables obstacles, ce qui n'enlève rien au plaisir qu'a eu le jardinier de les placer à un endroit inattendu. Le rang d'oignons en arc-de-cercle contourne un massif de tomates planté en carré. Les touffes de cosmos et d'œillets d'Inde ajoutent à l'espièglerie du jeune jardinier.

*Pour éviter que les oiseaux ne picorent les graines qu'il met en terre, le jardinier peut agir de deux façons: il peut les attirer ou les éloigner.*

La mangeoire située en plein milieu du potager contient suffisamment de graines pour nourrir les oiseaux qui, autrement, risqueraient d'aller les chercher dans la future récolte du jardinier. Mais bien sûr, les oiseaux ainsi gavés ne consacreront pas beaucoup d'efforts à manger les graines de mauvaises herbes qui se trouvent éparpillées un peu partout.

**Michel Guillemette**

Deux assiettes à tarte en aluminium attachées par une ficelle à l'extrémité d'un poteau font dans le vent un bruit suffisamment désagréable pour éloigner temporairement les oiseaux. Temporairement, car une fois que les oiseaux seront habitués au bruit et en auront identifié l'origine, ils n'auront plus peur et reviendront picorer dans le potager. Les assiettes peuvent aussi faire fuir les lièvres.

Des chats de plâtre, il en existe de toutes les couleurs: des roux, des noirs, des bruns. Grandeur nature, ils sont conçus pour avoir l'air à l'affût, prêts à sauter sur l'oiseau qui ne fera pas attention. C'est une bonne façon d'éloigner la gent ailée, mais pour rendre l'illusion plus efficace, il vaut mieux déplacer les matous artificiels tous les deux ou trois jours.

**49**

Les épouvantails peuvent prendre des allures très différentes. Le plus souvent ils représentent de façon grossière un individu planté dans le potager, les bras en croix ou plus ou moins en mouvement. Ils indiquent aux oiseaux que quelqu'un est en permanence dans le potager pour protéger ses graines. Les couleurs de l'épouvantail peuvent varier, mais on sait que la couleur bleue a un effet répulsif sur bien des espèces d'oiseaux.

51

*Bien sûr, il n'existe pas de légumes qui puissent vivre et grossir nor-malement dans une ombre permanente et dense. Les potagers «à l'ombre», ce sont ceux qui reçoivent au moins quatre à six heures d'ombre par jour. Voyons un peu de quelle ombre il s'agit.*

Condition essentielle pour qu'un potager puisse donner de bons ren-dements à l'ombre des arbres: cette ombre doit être légère. Autrement dit, il faut s'arranger pour que les branches les plus basses des arbres soient à 3 ou, mieux, à 4 m de hauteur. Si cette règle est respectée, on peut même cultiver des plantes à petits fruits comme des groseilliers ou des fraisiers.

*Nadine Leclair*

Deuxième condition pour que la culture à l'ombre soit possible: les arbres doivent être suffisamment espacés pour laisser passer, à l'occasion, quelques rayons de soleil qui donneront aux légumes le complément de lumière dont ils ont besoin. Si les arbres sont relativement rapprochés, on peut demander à un émondeur d'effectuer une taille d'éclaircissage.

*Nadine Leclair*

Les légumes qui conviennent le mieux pour les potagers à l'ombre sont les légumes à feuilles: les choux, les laitues, les épinards, les bettes à carde.

*Nadine Leclair*

*Dans les livres horticoles comme dans les livres de recettes, les fines herbes sont associées aux légumes et, dans les jardins, on les voit rarement ailleurs qu'au potager. Mais qui a dit qu'elles n'avaient de but que l'estomac, et de valeur que comme condiment? Il y a plusieurs façons d'associer les fines herbes aux légumes selon l'effet que l'on veut obtenir.*

## LES FINES HERBES, POUR LE GOÛT, LE PARFUM ET LA DÉCORATION

Les Européens utilisent les fines herbes et les plantes aromatiques comme plantes décoratives depuis plusieurs siècles. Grâce à leur feuillage aux couleurs et aux textures variées, elles peuvent jouer un rôle important dans l'aménagement paysager. Leur intégration dans le décor de nos demeures fait partie des tendances du paysagisme moderne au même titre que l'utilisation des arbres et des arbustes fruitiers.

Les fines herbes créent une nouvelle harmonie dans les parterres de façade, dans les rocailles, dans les plates-bandes de vivaces et même dans les boîtes à fleurs. On peut aussi les agencer selon des motifs géométriques à la fois simples et spectaculaires.

## LE JARDIN PAYSAGER

Certaines fleurs, comme les roses, sont très parfumées; d'autres émettent un parfum très discret, voire impossible à détecter même pour les nez les plus délicats. Les fines herbes, en plus d'être élégamment visuelles, sont aussi malicieusement odorantes. Elles accentuent la beauté des fleurs par leurs effluves subtils. Herbes annuelles et herbes vivaces se marient aux fleurs annuelles et aux fleurs vivaces au gré du jardinier.

## EN FAÇADE

C'est devant la maison que l'on aime accueillir sa famille et ses amis. Comment mieux soigner l'accueil, comment mieux séduire les visiteurs qu'en leur offrant couleurs et parfums en abondance, dans un parterre mixte?

Voici quelques suggestions pour une façade rouge, jaune et bleue:
- fleurs vivaces: iris (bleu), primevère (rouge), pied-d'alouette (bleu), achillée (jaune), œillet (rouge);
- fleurs annuelles: cosmos nain (orange), centaurée (bleue), souci (jaune), capucine (rouge, orange).

- fines herbes: basilic pourpre, estragon, origan doré, cerfeuil, ciboulette, bourrache à fleurs jaunes.

## DANS UNE ROCAILLE

Que la rocaille soit située en façade ou ailleurs, n'oubliez surtout pas que les plantes rampantes, envahissantes, comme certaines espèces de thym, n'y sont pas les bienvenues, car il faut sans cesse restreindre leur croissance. Les paysagistes les plus traditionalistes disent aussi que les fleurs annuelles n'ont pas leur place dans la rocaille, parce que leurs couleurs vives et permanentes détournent l'attention de la beauté des plantes vivaces.

### Fleurs vivaces
### pour la rocaille

Asclépiade, armoise, euphorbe, œillet, lin, potentille, anémone pulsatille, véronique, heuchère, achillée, centaurée, gypsophile rampant, stachys laineux, primevère.

### Fines herbes vivaces
### pour la rocaille

Ciboulette, marjolaine, sauge, lavande.

## DANS UNE PLATE-BANDE DE VIVACES

Une plate-bande de vivaces peut contenir à peu près toutes les espèces de plantes, de hauteur, de couleur et de port variés. Y inclure en mélange des fines herbes, elles aussi vivaces, est donc tout à fait approprié.

## DANS UNE BOÎTE À FLEURS

On dit boîte à fleurs, mais on pourrait tout aussi bien parler de bacs à fleurs, du genre de ceux que l'on intègre à un banc, sur la galerie ou sur le patio. On y plante des fines herbes pour le plaisir d'y poser le nez, le matin, en ouvrant la fenêtre au soleil, ou d'y passer la main, à la fin de la journée, en profitant de la fraîcheur du soir.

Les meilleures fines herbes pour ce genre de plantation sont: marjolaine, basilic, persil, romarin, cerfeuil, estragon, menthe, thym, sauge. Elles se marient aux annuelles telles que la capucine, l'alyssum, le souci, la lobélie, les géraniums (odorants de préférence). On les plante assez serré, soit à 8 ou 10 cm d'intervalle.

# LE JARDIN À MOTIFS

## LES PLANTES

Le chic du chic dans la culture des fines herbes, c'est de les ordonner selon un motif géométrique précis, à la manière des jardins élisabéthains du XVIᵉ siècle. Comme l'effet produit est spectaculaire, le jardinier peut se contenter de cette seule pièce dans son aménagement, à condition qu'elle soit placée bien en vue, en plein milieu de la pelouse.

Les plantes que l'on utilise doivent présenter les caractéristiques suivantes:

- être de couleurs et de textures différentes;
- être vivaces (pour qu'on n'ait pas à refaire le travail tous les ans);
- être compactes ou pouvant supporter les tailles fréquentes.

Voici les espèces les plus recommandables: cerfeuil musqué, estragon français (seulement en zone 5), origan, persil, sarriette vivace, lavande (seulement en zone 5), armoise. Ajoutons à cette liste un arbuste: le buis; une plante vivace: le stachys laineux (ou épiaire); une plante annuelle: la santoline.

## EXÉCUTION DU PLAN

Du point de vue pratique, on prépare un emplacement, générale-ment carré, ayant au moins 3 m de côté. Tout autour, on creuse une tranchée peu profonde pour éviter l'envahissement par la pelouse. Pour accentuer l'effet et pour que le motif soit visible de loin, on peut donner une légère pente vers l'avant à la nouvelle plate-bande.

Pour réaliser les dessins proposés ici, il faut de la corde et des piquets. Avant de planter, on conseille d'améliorer la terre avec une bonne dose de fumier décomposé, puis de bêcher profondément.

## FINITION

Les espaces entre les motifs peuvent être laissés nus et être désherbés régulièrement, ou bien remplis de plusieurs façons:

- avec d'autres fines herbes vivaces ou, mieux, des fines herbes annuelles (basilic, bourrache, cerfeuil, coriandre, marjolaine, romarin, sarriette annuelle, etc.);
- avec des fleurs annuelles très colorées, comme les alyssum, les pétunias, les œillets d'Inde, les bégonias, les lobélies, les agérates;
- avec du gravier ou du sable fin;
- avec de l'écorce de cèdre;
- avec des copeaux broyés;
- avec un pavage (en pavés de béton) ou un dallage permanent.

Selon la hauteur des plantes choisies, on laisse pousser plus librement les rangées de fines herbes ou on les taille comme des haies miniatures, à une hauteur maximale de 30 cm.

Voici une façon très originale et très colorée d'intégrer les fines herbes au potager. La jardinière a créé une petite allée bordée de mufliers nains orange. Dans cette allée, les fines herbes sont placées de façon à ne pas entraver complètement la circulation. Quelques pierres et un paillis foncé permettent non seulement de mieux situer l'allée, mais encore de souligner le contraste entre les feuillages et les fleurs.

*Caty Fortin*

Voici une façon plus commune de regrouper les fines herbes dans un rectangle entouré d'un cadre de bois. Il n'est question ici que d'en faciliter la cueillette. On aurait eu avantage à recouvrir le sol d'un paillis, pour réduire les effets des grandes chaleurs sur l'arrosage et pour faciliter l'entretien du sol.

Ici, les fines herbes sont inté-
grées au potager dans le but
premier de maximiser les
avantages du compagnonnage.
Notez que les fleurs d'œillet
d'Inde y jouent un rôle simi-
laire.

Les fines herbes peuvent aussi
être utilisées pour l'aspect très
décoratif de leur feuillage,
tant sur le plan des textures
que des couleurs. C'est le cas
de ce petit massif de sauges
assorties.
*Yannick Tétrault*

*Créer des potagers décoratifs ou agréables à regarder est une joie dont le jardinier ne peut pas se passer. Mais on peut se servir des légumes pour créer des effets particuliers aussi bien au potager que dans le reste du jardin, et même dans les aménagements paysagers déjà établis.*

Cette photo donne un bel aperçu de l'aspect décoratif individuel de plusieurs fruits et légumes. La courge au premier plan, les laitues, les betteraves, les oignons et les choux attirent le regard. Pour créer des effets saisissants, il suffit de tenir compte de la couleur, de la forme et de la direction du feuillage.

*Yannick Tétrault*

Les plants de courge sont très décoratifs. La texture et la couleur du feuillage, la longueur et la disposition des pétioles ainsi que leur texture font de cette plante une vedette du potager. On peut donc la placer en plein milieu de la plantation de légumes. Comme ses fleurs sont à la fois grosses et apparentes, les courges occupent une place privilégiée dans le jardin fleuri. Pour garnir l'espace libre entre les pétioles, on peut planter quelques zinnias, quelques célosies ou quelques clarkias, dont la couleur tranchera élégamment sur les grandes feuilles voisines.

Voici un contraste intéressant entre le feuillage vert moyen et ondulé de la bette à carde et le feuillage très découpé et foncé du persil. L'effet pourrait être utilisé à grande échelle et plusieurs fois tout autour de la maison. On imagine facilement, pour attirer encore plus l'attention du visiteur, la présence de fleurs basses et colorées à l'avant de la composition. Les fleurs en question peuvent être des agérates, des godétias, de la verveine, des pensées, du pourpier, des soucis et même des œillets d'Inde.

Dans le jardin fleuri, la forme et la couleur claire des laitues offrent un contraste intéressant avec le feuillage plus foncé et les couleurs vives des fleurs, dont les formes sont généralement élancées. Il y a quelques inconvénients à créer une bordure avec des laitues: d'abord, ce sont des légumes de courte durée; il faudra donc refaire la bordure une fois que celle-ci sera consommée. Deuxième inconvénient, la production de laitues est telle qu'il faudra sans doute en donner aux voisins et aux amis pour éviter le gaspillage. On pourrait remplacer les laitues par des choux, qui restent en terre jusqu'aux gelées, mais l'effet serait très différent.

Deux autres légumes durent assez longtemps pour servir de bordure toute la saison: les betteraves et les carottes. Les betteraves sont excellentes à cause de leur feuillage légèrement rougeâtre et luisant; les carottes sont intéressantes pour la légèreté de leur feuillage qui contraste avec l'aspect de presque tous les autres végétaux du jardin.

# DEUXIÈME PARTIE

## UN POTAGER FERTILE — TECHNIQUES GÉNÉRALES

- Premier potager
- Comment enrichir la terre
- Bêchage
- Compagnonnage
- Distance entre les plants et éclaircissage
- Semis successifs
- Cultures intercalaires
- Culture en buttes
- Comment éloigner chats et chiens
- Importance des paillis
- Arrosage
- Entretien superficiel du sol
- Contrôle des mauvaises herbes
- Potager au balcon
- Potager d'automne

*A priori, tout jardinier débutant, quel que soit son âge, peut décider de créer son premier potager où il veut et comme il l'entend. Pour réussir, il y a tout de même quelques règles élémentaires à respecter. Nous allons les énoncer ici dans le seul but de garantir aux novices le succès de leur première entreprise, succès qui leur donnera la motivation nécessaire pour répéter l'opération année après année.*

Le jardinier débutant qui crée son premier potager gagne à se simplifier la tâche en choisissant une forme régulière, en divisant bien son potager selon les légumes cultivés. Pour agrémenter le coup d'œil, il peut ajouter quelques fleurs, ici des pavots; elles apporteront une touche de couleur et lui permettront d'embellir sa maison de quelques fleurs coupées.

## CHOISIR L'EMPLACEMENT

La plupart des légumes ont besoin de six à huit heures de soleil par jour. Laitues, épinards, bettes à carde et choux peuvent tolérer un peu plus d'ombre. Placez votre potager à un endroit où vous pourrez le voir de la

maison et assurez-vous que l'endroit en question soit bien drainé. Enfin, prévoyez assez d'espace pour pouvoir circuler tout autour du potager et entre les rangs avec les outils, la brouette et les sacs de terre.

## ÉTABLIR LES DIMENSIONS

Avis au débutant: goûtez à la culture de légumes avant de vous y adonner corps et âme. Commencez donc par un petit potager d'environ 1 m² (1 m x 1 m). Vous pourrez y cultiver vos légumes préférés et vous n'aurez pas à y passer plus d'une heure par semaine.

Ménagez tout autour une allée de 50 à 60 cm de largeur pour travailler sans gêne. Si vous optez pour un potager plus grand, tracez une ou plusieurs allées de 50 à 60 cm dans le sens de la longueur de façon à diviser la surface cultivée en parcelles de 1,20 m de largeur au maximum.

### SUGGESTIONS DE DIMENSIONS
*• Si vous voulez nourrir une famille pendant l'été seulement, comptez environ 1 m² par personne.*
*• Pour nourrir la même famille pendant toute l'année, en incluant les conserves et les réserves de carottes, de pommes de terre,*

*d'oignons, etc., vous pouvez aller jusqu'à 10 m² par personne, sans compter les allées.*

## DESSINER LA FORME

Traditionnellement, un potager est carré ou rectangulaire, mais vous pouvez aussi lui donner une forme ronde ou la forme des plates-bandes qui ornent déjà votre cour.

### MISE EN GARDE
*Quelle que soit la forme de votre potager, ne l'encadrez pas avec du bois — même avec du bois traité — sans prendre certaines précautions visant à le protéger de la pourriture. Le bois ne doit pas être en contact direct avec la terre. Il doit être séparé de celle-ci par une couche de pierres concassées d'au moins 5 cm d'épaisseur, sur le dessous et les côtés.*

### POUR VOUS DISTINGUER
*Voici comment créer facilement un potager fleuri de forme ronde:*
*• Dimensions minimum: 5 m de diamètre.*
*• Bêchez la terre en l'enrichissant, nivelez-la et passez un coup de râteau.*
*• Au centre du cercle, plantez un piquet et attachez-y une corde d'environ 2,50 m de longueur.*

Attachez un piquet à l'autre extrémité, tendez la corde et tracez un cercle sur la terre fraîchement remuée.

• Raccourcissez la corde de 50 cm et tracez un autre cercle: vous venez de créer l'allée d'accès. Raccourcissez de nouveau la corde de 1,50 m et tracez au centre du potager un petit cercle de 50 cm de diamètre pour faciliter la circulation et pour vous permettre de vous détendre et d'admirer vos cultures. Plantez une plante géante, genre rhubarbe ou macleya, ou bien quelques groseilliers, cassissiers ou framboisiers.

• Tracez quatre allées perpendiculaires allant du centre à l'allée extérieure. Ces allées doivent mesurer 30 cm au centre du cercle et 50 cm à l'extérieur.

• Transférez la bonne terre des allées sur les plates-bandes pour les surélever d'environ 20 cm. Recouvrez les allées d'un paillis de copeaux ou de cèdre haché pour les garder propres.

• Plantez et semez les légumes et les fines herbes — sans oublier les fleurs — en faisant varier les couleurs et les textures de façon à créer un tableau avec votre potager.

## PRÉPARER LA TERRE

Il est rare qu'il y ait de la bonne terre autour d'une maison fraîchement construite. D'habitude, les constructeurs l'enlèvent avant d'ériger la maison. Faites alors livrer de la terre dite mélangée, préparée, quelquefois appelée terre à jardin. Assurez-vous, avant de l'acheter, qu'elle ne soit pas trop sablonneuse.

Enrichissez la terre (voir le chapitre qui suit, *Comment enrichir la terre*) en bêchant, sans avoir peur de remonter en surface un peu de la terre argileuse ou sablonneuse sous-jacente.

*Les plantes fabriquent de nouvelles feuilles, tiges, fleurs et fruits à partir des éléments nutritifs qu'elles absorbent dans la terre. Par conséquent, la terre s'appauvrit. Le rôle du jardinier est non seulement de lui restituer ces éléments, mais aussi d'équilibrer sa composition physique et chimique pour qu'elle donne les meilleurs rendements possibles.*

*Pour enrichir le potager, on utilise du compost. On peut acheter ce compost en sacs ou le fabriquer soi-même dans des cadres de bois aérés. C'est une excellente façon de récupérer la matière organique et d'économiser sur l'achat d'engrais tout en retournant à la terre les éléments minéraux qu'elle a fournis pour produire des récoltes.*

## LES BONNES RAISONS

On enrichit une terre pour trois raisons:

1- Pour **améliorer:** sa texture, **augmenter** sa capacité de retenir l'eau et les éléments nutritifs, **encourager** le développement des racines: ce sont elles qui travaillent dans l'ombre pour vous donner de beaux légumes. Dans une terre équilibrée, les légumes manifestent une croissance vigoureuse, donnent des rendements optimums et augmentent sensiblement leur résistance à tous les caprices de Dame Nature.

2- Pour **adapter** ses composantes à certaines cultures, plus exigeantes que d'autres.

3- Pour **augmenter** le nombre de tiges, de fleurs, de fruits par plante et augmenter leur taille également.

### POUR RÉUSSIR
*Faites toujours analyser votre terre avant de l'améliorer. Consultez votre centre de jardinage.*

### MISE EN GARDE
*On n'enrichit pas la terre avec des engrais qui se dissolvent rapidement. Ces engrais ne servent guère plus qu'à augmenter la vigueur des plants et à faire grossir les légumes. Avant de les utiliser, il est important de se demander pourquoi l'on jardine. Si*

*ce n'est pas pour participer à des concours de la plus grosse tomate, du plus gros radis ou du plus long concombre, contentez-vous d'améliorer la terre avec des éléments naturels et vous connaîtrez tout autant de plaisir à récolter.*

## SI LA TERRE EST LÉGÈRE ET SABLONNEUSE

Il faut améliorer la consistance et la capacité en eau d'une terre sablonneuse. Bêchez à l'automne; au printemps suivant, enfouissez un ou plusieurs des éléments suivants, au croc, à la binette ou à la griffe à trois dents.

- De la matière organique décomposée: **fumier de vache ou de porc**, **compost** commercial ou domestique, **terreaux** de toutes sortes. Dose approximative: 1/2 brouette par mètre carré. Fréquence: tous les ans.

### *POUR VOUS FACILITER LA TÂCHE*

*Une bonne façon d'apporter de la matière organique, c'est de recouvrir la terre d'un paillis de gazon séché que l'on étend par couches successives de 3 cm d'épaisseur. Enfouissez le paillis au printemps.*

- De la **tourbe de sphaigne.**
- Des **engrais verts.**
- De la **vermiculite** à raison d'un gros sac par mètre carré. Fréquence: tous les deux ou trois ans, à condition que l'apport de matière organique soit régulier. La vermiculite absorbe sept fois son volume d'eau.
- Si possible un peu d'**argile:** on la prélève dans la terre de remblai, sous la terre cultivée; faites-la sécher et émiettez-la au râteau avant de l'étendre. On en trouve maintenant en poudre dans les commerces horticoles. Fréquence: tous les ans pendant les trois premières années.

## SI LA TERRE EST LOURDE ET ARGILEUSE

Il faut améliorer la porosité de la terre argileuse, l'aérer, l'assouplir et l'alléger. Bêchez à l'automne en même temps que vous enfouissez les éléments suivants:

- De la **chaux** pour défaire l'argile. Dose: 3 poignées par mètre carré, c'est-à-dire 1/2 pot de 10 cm. Fréquence: tous les trois ans, après une analyse de la terre.
- De la **matière organique** décomposée: fumier de mouton ou de cheval, compost commercial ou domestique, terreaux de toutes sortes. Dose: 1/2 brouette par mètre carré. Fréquence: tous les ans.

- De la **tourbe de sphaigne.**
- Du **sable grossier** ou de la litière à chat propre, non parfumée. Dose: quatre pelletées de sable ou un gros sac de litière par mètre carré. Fréquence: tous les ans pendant trois ans.

## SI LA TERRE EST TRÈS MINÉRALE

On reconnaît qu'une terre, sablonneuse, argileuse ou sablo-argileuse, est trop minérale quand elle forme une croûte en surface après la pluie et les arrosages, quand elle est facilement entraînée par les fortes pluies, quand elle tombe en poussière lorsqu'elle est sèche, quand elle s'effrite sous la pression du doigt.

L'humus agit comme une éponge, c'est pourquoi il ne forme pas de croûte. Il donne de la cohésion à toutes les terres, et limite leur érosion par les eaux et par le vent.

On améliore une terre minérale en y incorporant tous les ans de la matière organique: paillis de gazon séché, fumier, compost, engrais vert, tourbe de sphaigne, terreaux. Dose: 1/2 à 1 brouette par mètre carré la première année; 1/2 brouette les années suivantes. Époque: les terres argileuses en automne, les terres sablonneuses au printemps.

## SI LA TERRE EST TRÈS ACIDE

Les terres dans lesquelles on jardine sont légèrement acides et continuent à s'acidifier avec le temps. Le **pH** (degré d'acidité) recherché pour réussir la plupart des cultures de légumes se situe autour de **6,5**.

C'est le **calcium** qui permet de remonter le pH. On en trouve surtout dans la chaux horticole et la chaux dolomitique ainsi que, à plus faible dose, dans la poudre d'os et les cendres de bois. L'effet du calcium est lent, c'est pourquoi on l'applique généralement à l'automne, au moment du bêchage.

Suivez les recommandations de chaulage dictées par l'analyse de votre terre. Les quantités de chaux recommandées varient selon l'état de la terre. Quand une terre est très acide, il faut relever son pH progressivement: un apport trop massif de calcium bouleverserait l'activité des bactéries. Si l'analyse vous indique d'apporter une grande quantité de chaux, divisez-la en deux: la moitié une année et l'autre l'année suivante.

### MISE EN GARDE
*Quand on ajoute de la chaux à l'automne, on reporte au printemps suivant l'apport de matière organique.*

Une bonne façon de limiter l'acidification de la terre, c'est de saupoudrer, chaque année au printemps, quelques poignées de cendre de bois ou de poudre d'os sur les plates-bandes, le potager et la pelouse. Ces deux ingrédients sont par ailleurs excellents pour le développement des racines.

### REMARQUE
*La chaux dolomitique contient environ 12 % de magnésium en plus du calcium; les cendres de bois, 15 % de potasse; la poudre d'os, 25 % d'acide phosphorique.*

### POUR RÉUSSIR
*On estime qu'il reste encore un peu de matière organique dans la terre trois ans après l'enfouissement, mais pour lui garder toutes ses qualités de soutien et de nourrice, il vaut mieux en apporter tous les ans.*

## LE COMPOST

C'est le meilleur engrais organique, le plus équilibré, le plus complet. On peut en fabriquer chez soi avec des déchets végétaux de toutes sortes, y compris les déchets domestiques. Les composts commerciaux sont excellents, en particulier le compost fabriqué à partir de déchets de crevettes.

Le compost remplit plusieurs fonctions:

- Il donne de la **consistance** aux terres sablonneuses et leur permet de retenir plus d'humidité. En été, les plantes souffrent donc moins de la sécheresse et, par le fait même, donnent de meilleurs rendements.

*Le compost domestique est fait à partir des déchets du jardin.*

- Il rend les terres argileuses plus **légères**, plus aérées. Elles sont donc plus faciles à travailler et se drainent mieux. Résultat: les plantes poussent mieux.
- Il contient tous les **éléments minéraux** dont les plantes ont besoin.

Au cours de leur vie, les végétaux absorbent toutes sortes d'éléments nutritifs dont la nature et la quantité varient d'une espèce à l'autre. Quand ils meurent, ils les libèrent. Un compost est donc d'autant plus riche et équilibré que les déchets organiques dont il est composé sont d'origines variées.

- Il contient un grand nombre de **bactéries** amies du jardinier qui continueront dans la terre leur travail de libération des éléments nutritifs.

## LE FUMIER

Utilisez toujours du fumier bien décomposé ou, comme il est indiqué sur les sacs, du fumier composté.

Tous les fumiers sont bons pour toutes sortes de terres, mais vous aurez de bien meilleurs résultats avec du fumier de vache ou de porc dans les terres sablonneuses, et avec du fumier de mouton ou de cheval dans les terres argileuses. Le fumier de volailles doit être employé avec parcimonie.

Si vous trouvez du compost à base de fumier de vers de terre, essayez-le, il est riche. Mais apportez-le localement, près des racines.

## LA TOURBE DE SPHAIGNE

La tourbe de sphaigne provient de la décomposition, dans une tourbière, d'une mousse appelée sphaigne.

Grâce à sa texture fine et moelleuse, la tourbe aère, allège et réchauffe les terres argileuses; elle donne de la consistance aux terres sablonneuses et leur permet de retenir plus d'eau (elle peut absorber dix fois son poids en eau); les racines s'y développent avec vigueur. Elle apporte un peu de matière organique résiduelle, mais pas autant que le fumier ou le compost.

La tourbe est très acide. Si on l'utilise pour des plantes qui demandent une terre normale, il faudra donc en apporter à petites doses, comme complément à d'autres matières. Au besoin, étendre un peu de chaux pour ramener le pH au bon niveau.

## LES ENGRAIS VERTS

Utiliser des engrais verts, c'est enfouir dans la terre des plantes en pleine croissance, encore vertes. La décomposition a lieu dans la terre et l'humus ainsi fabriqué est d'aussi bonne qualité que les autres. On choisit un coin du potager que l'on veut enrichir et on y sème une plante qui peut servir d'engrais vert. Lorsqu'elle est parvenue à maturité, on l'enfouit dans le sol et le tour est joué.

La production d'engrais verts est bon marché puisqu'il suffit d'acheter des graines. Elle exige du jardinier peu de temps — bêchage superficiel, semis et enfouissement — et relativement peu d'efforts: pas de manipulation, pas de sacs à vider, presque pas d'entretien.

Par contre, l'espace de terre que l'on veut enrichir ne peut être utilisé le temps que durera la culture des herbes choisies, c'est-à-dire en général le printemps et l'été, sauf dans le cas du seigle d'hiver. Mais l'attente en vaut la peine, puisque les cultures subséquentes donneront de meilleurs rendements.

Dans un potager où l'on respecte la rotation des cultures, c'est-à-dire qui est divisé en plusieurs parcelles dans lesquelles différents légumes sont cultivés en alternance tous les ans, on peut réserver une parcelle pour les engrais verts.

### L'ENFOUISSEMENT

On enfouit les engrais verts lorsque les plantes utilisées contiennent

le plus d'éléments nutritifs, c'est-à-dire au moment de la floraison.

Vous pouvez enfouir les engrais verts avant la floraison, mais plus les tissus sont jeunes, plus ils contiennent d'azote et plus la matière organique qu'ils laissent dans le sol se décomposera rapidement, laissant peu de résidus.

### LE CHOIX DES HERBES

Avant de semer, si la terre n'est pas trop tassée, faites un bêchage superficiel à la binette ou à la griffe.

#### Le seigle d'hiver

Semez le seigle d'hiver à la fin de l'été. Si le terrain est occupé par des annuelles ou des légumes, semez entre les plants: vous les arracherez quand le seigle sera bien établi.

Ce seigle pousse très bien par temps frais. Laissez-le passer l'hiver sous la neige. On l'enfouit au printemps, au moment du bêchage; c'est pourquoi on recommande le seigle d'hiver pour les terres sablonneuses.

#### Le seigle d'été

Pour le seigle d'été, on procède de la même façon que pour le seigle d'hiver, mais on le sème au printemps. Parce qu'on l'enfouit en bêchant à la fin de l'été, il est recommandé pour les terres argileuses.

#### Le sarrasin

En plus d'être un engrais vert, le sarrasin est une culture **nettoyante** puisqu'il étouffe littéralement les mauvaises herbes, même le chiendent.

Semez-le au printemps, dès que la terre ne colle plus aux outils. Enfouissez-le en bêchant environ deux mois plus tard, quand il atteint 75 cm. Bêchez à nouveau à la fin de l'automne.

#### Les trèfles

En plus d'être des engrais verts, les trèfles enrichissent la terre en azote. Quand on les enfouit, leurs racines libèrent l'azote de l'air qu'elles ont pu fixer grâce à la présence de bactéries spécifiques.

Semez les trèfles au printemps. Enfouissez-les en bêchant à la fin de l'été. Ils apportent une moyenne de 20 à 30 g d'azote par mètre carré. Pas besoin, donc, d'épandre d'autres engrais azotés l'année où vous enfouissez les trèfles.

*C'est bien simple: nul ne peut espérer obtenir de belles récoltes dans une terre qui n'a pas été soigneusement bêchée. On ne plante ni ne sème dans une terre pauvre, dure, compacte. Le bêchage a beau être le plus gros du «travail» de jardinier, il est tout simplement incontournable. Heureusement, il existe des façons de l'exécuter qui rendent la tâche presque délicieuse.*

*Bêcher la terre est important pour y incorporer non seulement la matière organique et des éléments enrichissants, mais également de l'air. Cet air permet aux racines de mieux fonctionner et aux micro-organismes qui vivent dans le sol de transformer la matière organique en éléments minéraux directement assimilables par les plantes.*

## POURQUOI BÊCHER

Le bêchage consiste à retourner la terre de façon à l'ameublir et à l'aérer en profondeur. On l'**enrichit** et on l'**allège** partiellement en y incorporant de la matière organique.

**Aérer** la terre a des conséquences très bénéfiques. Cela favorise l'activité des innombrables micro-organismes qui s'y trouvent, en particulier ceux qui transforment la matière organique en éléments fertilisants, assimilables par les racines. L'aération augmente aussi la capacité de rétention d'eau de la terre. Un bon bêchage accélère donc la croissance des plantes et contribue à réduire les effets de la sécheresse.

**Ameublir** la terre, c'est faciliter le développement des racines, donc augmenter leur vigueur et, par conséquent, le nombre et la grosseur des fleurs, des fruits et des tiges.

## QUAND BÊCHER

La meilleure période pour bêcher les terres argileuses est l'**automne**, quand les récoltes sont terminées ou que les plantes ont gelé. Le gel, en faisant augmenter le volume de l'eau contenue dans la terre, fera éclater les grosses mottes et les réduira en fines particules au cours de l'hiver. Il suffira d'un coup de croc et d'un

coup de râteau au printemps pour préparer la terre à la culture.

La meilleure période pour bêcher les terres sablonneuses, légères et friables est le **printemps**. On passe un coup de râteau aussitôt après.

## LES OUTILS

Pour bêcher, on a le choix entre trois outils:

- La **bêche** proprement dite, composée d'un manche et d'une lame (ou fer) rectangulaire, tranchante à son extrémité. On s'en sert surtout dans les terres sablonneuses.
- La **fourche à bêcher,** à quatre dents plates qui pénètrent mieux que la bêche dans les sols lourds, argileux. On peut s'en servir dans tous les sols consistants, plus ou moins riches en humus.
- La **bêcheuse rotative** ou moto-houe, un outil motorisé qui ne retourne pas la terre, mais qui la brasse en y mélangeant la matière organique épandue en surface au préalable. Elle exécute le travail plus rapidement qu'on ne le ferait à la main, mais il y a des restrictions à son emploi. Ne l'utilisez pas sur un terrain couvert de **chiendent**; les lames rotatives découperaient les tiges souterraines en petits morceaux qui donneraient naissance à une foule de

nouvelles plantes. Enfouissez seulement de la matière organique de **texture fine** (compost, fumier composté, vieux fumier). Enfin, lorsqu'on bêche mécaniquement, il est préférable de le faire au **printemps.** Sinon, dans une terre sablo-argileuse, le gel hivernal risquerait de réduire la terre en miettes et le dégel printanier aurait tôt fait de transformer le tout en boue puis en véritable mortier.

## EXÉCUTION DU BÊCHAGE MANUEL

- Épandez la **matière organique** sur le sol. (1)

- À une extrémité de la parcelle à bêcher, creusez une **tranchée** d'environ 20 cm de largeur (l'équivalent d'une main écartée) et 20 cm de profondeur. Transportez la terre à l'autre extrémité pour combler la tranchée quand vous aurez fini. (1)

75

- La **profondeur** moyenne du bêchage est 30 cm, soit la hauteur du fer de la bêche ou des dents de la fourche à bêcher. C'est dans cette partie de la terre que les racines sont les plus nombreuses et les plus actives. Dans les terrains où la terre de surface est la terre originale — ce qui est généralement le cas à la campagne —, bêcher à cette profondeur ne pose pas de problème. Ailleurs, il faut que l'épaisseur de terre rapportée dans les plates-bandes et le potager soit d'au moins 30 cm.
- Commencez à bêcher par la **gauche.**
- Placez la bêche à **12, 15 ou 20 cm** du bord de la tranchée, selon la quantité de terre que vous êtes capable de soulever.
- Enfoncez l'outil **verticalement** en appuyant dessus avec le pied.
- Tirez le manche vers l'arrière de manière à **dégager** la motte de terre.

(2)

- En vous baissant, soulevez la bêche, puis **retournez-la** en déposant la terre sur le flanc opposé de la tranchée pour garder celle-ci ouverte. Une partie de la matière organique se retrouve donc au fond, une autre reste en surface, faites-en tomber dans le fond du trou, bref, usez de votre outil pour la répartir le mieux possible.
- Si le bêchage a lieu au printemps, donnez un coup de bêche sur la motte retournée pour l'**émietter** en partie.
- Continuez à bêcher vers la droite. Une fois au bout, vous pouvez revenir vers la gauche en bêchant, mais le travail sera plus régulier et mieux exécuté si vous repartez chaque fois de la **gauche.**
- Conservez toujours la **tranchée ouverte** juste devant vous, jusqu'à ce que vous arriviez à l'autre bout

(3)

de la parcelle. La matière organique est plus facile à incorporer si la tranchée garde les mêmes dimensions tout au long du bêchage. (2)

- À la fin, **rebouchez** la tranchée avec la terre que vous avez mise de côté au début. (3)

## LE BÊCHAGE RAPIDE

Après une première récolte, il est recommandé de bêcher avant de semer une deuxième fois. Ce bêchage n'a pas besoin d'être aussi profond que le premier. Vous pouvez l'exécuter à la bêche en enfonçant le fer de moitié seulement et en retournant la motte sur place. Vous pouvez aussi vous servir d'une binette, d'un croc ou d'une griffe à trois dents.

Avec la bêche, on travaille en reculant; avec la binette et la griffe, en avançant; avec le croc, on exécute un mouvement de va-et-vient. La meilleure façon de bêcher avec la binette et la griffe, c'est de les enfoncer le plus profondément possible devant vous, à une distance qui vous permette de travailler penché mais pas plié en deux. Tirez ensuite l'outil vers vous sur une distance de 20 à 30 cm. Répétez le mouvement. Lorsque toute la surface est bêchée, passez un coup de râteau, précédé, s'il y a des grosses mottes, d'un travail au croc.

## LE DOUBLE BÊCHAGE

Le double bêchage consiste à ameublir la terre sur une profondeur égale à deux fois la hauteur du fer de la bêche. Il est pratiqué quand le terrain n'a jamais été cultivé, sauf si le remblai sous-jacent est glaiseux, et quand la terre a été tassée par le passage répété de véhicules motorisés.

La technique est simple:

- Creusez une tranchée de la profondeur d'un fer de bêche (30 cm), mais deux fois plus large que lors

d'un bêchage simple, soit 40 cm.
Sortez la terre et faites-en un tas.

- Approfondissez la tranchée de
  30 cm mais sur seulement 20 cm de
  largeur, en commençant à creuser
  près de vous. Sortez la terre et
  faites-en un tas distinct de la terre
  de surface.
- Bêchez ensuite selon les mêmes
  principes que le bêchage simple,
  mais en retournant la terre de
  surface avant la terre sous-jacente,
  et sans jamais mélanger les deux.

### MISE EN GARDE

*On ne mélange pas la terre de surface et la terre sous-jacente parce que les micro-organismes du sol ont besoin d'air pour transformer la matière organique en matière minérale assimilable par les plantes. S'ils sont enfouis trop profondément, ils manquent d'air et meurent.*

Le compagnonnage consiste à faire pousser à proximité les uns des autres des végétaux (légumes, fleurs, fines herbes) compatibles et qui se protègent entre eux. Ces végétaux peuvent aussi s'entraider physiquement. Ainsi, par exemple, le maïs et le tournesol peuvent servir de tuteur au concombre. Quant au basilic, il améliore la croissance et le goût des tomates.

*Les plantes aromatiques jouent un rôle très important dans le compagnonnage. Ici, un géranium odorant contribue à éloigner les insectes.*

*La capucine est merveilleuse. Non seulement elle est comestible, mais elle attire les pucerons. Lorsqu'on en sème dans son jardin, les pucerons épargnent donc les légumes. Par contre, quand on veut faire une salade avec les fleurs ou les feuilles de capucines, il faut bien les secouer et les laver pour éliminer toute trace d'insectes.*

*L'œillet d'Inde a la réputation de faire peur aux insectes. Le jardinier romantique peut en planter beaucoup plus qu'il n'est nécessaire, simplement parce qu'il aime les fleurs.*

*Diane McKay, Le Jardin du Grand Portage*

Oignons et tomates s'adorent. Ici, le jardinier a placé les oignons tout autour des tomates, un peu comme des danseurs qui tourneraient en rond autour de leur idole.

Les haricots et les pommes de terre sont des légumes qui s'entendent très bien. Comme ils sont de hauteur semblable, s'ils sont bien disposés, ils peuvent constituer de très jolis massifs de verdure à travers lesquels on peut faire pousser des fleurs, par exemple des glaïeuls.

*Diane McKay, Le Jardin du Grand Portage*

Au pied des plants de tomates, deux excellents compagnons: d'une part le basilic, qui améliore la croissance et le goût des tomates, et, d'autre part, les œillets d'Inde, qui ont la réputation d'éloigner les mouches blanches dont les tomates sont parfois affectées.

*Une autre façon de cultiver les plantes en compagnonnage consiste à regrouper celles qui ont une allure semblable. Ici, les betteraves, les carottes et les choux-raves se protègent les uns les autres parce qu'ils ont des saveurs et des odeurs différentes.*

## LES INCOMPATIBLES

Même si le but premier du compagnonnage est de compliquer la vie des insectes en mélangeant les odeurs, les saveurs et les couleurs, il existe des plantes qu'il ne faut pas installer côte à côte pour ne pas nuire à leur croissance. Par exemple, l'armoise produit des substances qui nuisent à la croissance de certaines espèces. Évitez de planter des capucines à côté des choux. Ne plantez pas de haricots ou de pois à côté de l'ail, ni de haricots grimpants à côté des betteraves. Pas de pommes de terre à côté des épinards; pas d'ail, d'oignon, d'échalote, de fenouil ou de poireau à côté des haricots.

## LES ASSOCIATIONS QUI PROTÈGENT

Bien qu'on ne sache pas toujours pourquoi ni comment, on a observé que certaines plantes protégeaient des légumes bien spécifiques. Voici quelques exemples:
- la tomate protège l'ail et l'asperge;
- la capucine et l'origan protègent le brocoli;
- les pois, les poireaux, la sauge et les oignons protègent la carotte;
- le thym et le céleri protègent les choux;
- les radis protègent les concombres;
- les pommes de terre protègent les fèves et le fenouil;
- le tournesol protège le maïs;
- l'aubergine protège la pomme de terre;
- les haricots plantés près des pommes de terre contribuent à réduire le nombre de doryphores.

## MÉNAGE À TROIS

Voici quelques exemples d'associations de légumes dont l'effet est à la fois esthétique et bénéfique à la croissance et au rendement:
- Ail, betterave et épinard
- Betterave, aubergine et haricot
- Chou, thym et carotte
- Concombre, tournesol et oignon
- Courge, maïs et camomille
- Gourgane, pomme de terre, avoine
- Laitue, betterave et épinard
- Oignon, tomate et poivron
- Pois, radis et carotte
- Poivron, aubergine et oignon
- Pomme de terre, haricot et pois
- Radis, carotte et concombre
- Tomate, basilic et persil.

## AUTRES PLANTES BÉNÉFIQUES AU POTAGER

- Camomille, marjolaine, œillet d'Inde, romarin, souci, sauge et thym éloignent plusieurs insectes nuisibles.
- La capucine sert d'appât pour les pucerons; les coccinelles, qui sont friandes de pucerons, dévorent au passage ceux qui sont sur les autres plantes.
- L'alyssum, la coriandre, le cosmos et le sarrasin attirent des insectes utiles au jardinier.

- Le pétunia et le nicotinia sont des plantes de la même famille que le tabac. Ils contiennent donc de la nicotine, qui joue un rôle insecticide.

## FAÇON DE PROCÉDER

Ces exemples de cultures combinées ne sont pas des règles strictes, mais tout au plus des suggestions pour rendre le jardinage à la fois plus amusant (associer les plantes), plus reposant (moins de problèmes) et moins polluant (prévention).
- Divisez votre potager en sections où vous tenterez des expériences à la fois écologiques et esthétiques.
- Ou encore plantez ou semez des légumes dans vos plates-bandes de fleurs ou d'arbustes.

*Lorsque l'on sème des graines, elles ne se trouvent pas toujours à l'endroit voulu pour que les légumes jouissent de l'espace nécessaire une fois adultes. D'une part, il est très difficile de contrôler exactement l'endroit où l'on sème des graines, surtout celles qui sont petites. D'autre part, on ne sait jamais si le pouvoir germinatif de chaque graine est suffisant pour donner un légume. Par conséquent, on sème plus de graines qu'il n'est nécessaire. Ensuite, il faut bien sûr éclaircir, c'est-à-dire enlever les petites plantes superflues qui empêcheraient les plants les plus vigoureux de se développer pleinement et de donner le meilleur rendement possible.*

*Au-delà des chiffres, la règle générale de distance entre les légumes qui s'applique à chaque espèce pourrait se lire comme suit: il faut laisser entre les rangs l'espace suffisant à chaque espèce pour se développer sans gêne, plus un espace pour passer les outils qui permettront de travailler la terre en surface.*
***Caty Fortin***

Voici un aperçu de l'espace libre qu'il convient de laisser entre deux plants pour une croissance optimale:

| | |
|---|---|
| Aubergines: | 50 cm |
| Betteraves: | 10 cm |
| Carottes: | 5 à 10 cm |
| Céleris: | 30 cm |
| Choux: | 30 à 40 cm |
| Concombres: | 20 cm |
| Courgettes: | 20 cm |
| Épinards: | 40 cm |
| Haricots: | 20 à 30 cm |
| Laitues: | 20 cm |
| Maïs: | 30 à 40 cm |
| Oignons verts: | 5 cm |
| Pois: | 10 cm |
| Poivrons: | 50 cm |
| Piments: | 50 cm |
| Pommes de terre: | 40 cm |
| Radis: | 5 cm |

Tomates: selon le développement de chaque variété, de 40 à 80 cm

pourrez déguster les jeunes légumes qui, à ce stade de leur croissance, constituent des mets de choix pour les palais raffinés.

La distance qui sépare les rangs de légumes peut être déterminée par la façon dont on entretient le potager. Ce jardinier se sert du râteau, une fois par semaine, pour déloger les graines de mauvaises herbes qui auraient l'intention de germer. Remarquez qu'il a planté ses choux en tenant compte de cet élément.

## POUR VOUS FACILITER LA TÂCHE

*Laissez les plants superflus de betteraves, de carottes et d'oignons en terre jusqu'à ce qu'ils aient atteint un diamètre d'environ 2 à 3 cm. Pratiquez ensuite l'éclaircissage. Vous*

Il est absolument indispensable d'éclaircir les rangs de betteraves, sinon les plants ne peuvent pas se développer suffisamment pour donner des légumes intéressants. Les jeunes plants de laitue qu'on arrache pour laisser la place aux autres peuvent être repiqués immédiatement dans un autre endroit du potager. Il est important de procéder très rapidement à la transplantation après l'arrachage d'un plant. Si un délai devait survenir, il faudrait enterrer les racines des jeunes plants de laitue, arroser copieusement la terre et le feuillage et, de préférence, couvrir le tout d'un sac de plastique.

*Même si la récolte des légumes n'était qu'une question de temps, si tout était prêt au même moment vous auriez peut-être de la difficulté à tout ramasser sans rien gaspiller. Mais récolter est aussi une question de consommation. Si tous les radis, toutes les laitues, toutes les carottes viennent à maturité en même temps, quel estomac vous faudra-t-il? Devrez-vous distribuer le fruit de votre labeur à vos amis? Non, grâce à la méthode des semis successifs.*

*Les laitues et les radis sont deux excellents exemples de légumes qui se prêtent très bien à la technique des semis successifs. Notez que la nouvelle série de laitues a été semée entre deux rangs de laitues plus âgées; lorsqu'on cueillera celles-ci, on donnera aux nouvelles tout l'espace nécessaire.*

## LE PRINCIPE DE BASE

Certains légumes ont une période de croissance relativement courte. Ils ne restent donc au potager qu'une petite partie de l'été. La meilleure façon d'espacer la récolte dans le temps consiste donc à semer quel-

ques graines de vos espèces préférées toutes les semaines. Vous pourrez savourer vos légumes frais sans vous casser la tête avec des problèmes de conservation.

Quelques précautions s'imposent. D'abord, ne semez jamais le même légume au même endroit deux fois dans la saison. Respectez le principe de la **rotation des cultures** et faites alterner légumes-racines, légumes-feuilles, légumes-fruits et légumes-graines. Avant d'entreprendre une autre culture, enrichissez la terre, de préférence avec un peu de compost; mais un peu de fumier fera l'affaire. Ameublissez-la également, en même temps, à la bêche ou à la griffe, pour que les racines puissent trouver plus aisément eau et nourriture nécessaires à vos légumes.

Pour croquer le plus tôt possible dans des légumes frais et pour calmer votre impatiente gourmandise, vous pouvez commencer à semer dès que le soleil a commencé à sécher et à réchauffer la terre.

## LES ESPÈCES

Les légumes qui se soumettent facilement aux semis successifs se divisent en deux catégories: ceux qui ne peuvent être semés après le 15 juin et ceux qui peuvent l'être jusqu'à la fin de juillet. Dans la première catégorie, on trouve le pois, qui a du mal à bien germer et à pousser dans les grosses chaleurs. On y trouve aussi le maïs qui, lui, a besoin d'une longue période de croissance. Imaginez: une épluchette par semaine pendant tout le mois d'août, jusqu'en septembre.

La deuxième catégorie est plus importante. On y retrouve carottes, radis et betteraves parmi les légumes-racines; laitues, oignons verts et épinards parmi les légumes-feuilles; et haricots parmi les légumes-graines.

Si vous avez l'âme aventureuse, vous pouvez essayer aussi navets, céleris, panais et poireaux, qui ne se rendront sans doute jamais à pleine maturité. Par contre, les consommer tout jeunes, tendres et juteux est un régal pour le palais, une bonne façon de se faire plaisir et de séduire la visite.

## GÉRER L'ESPACE

Le plus compliqué dans les semis successifs, c'est de gérer l'espace. Il y a trois façons de procéder, que vous pouvez combiner au gré de votre fantaisie. Vous pouvez découper votre potager en autant de **carrés** que de légumes souhaités. Dans chaque carré, évaluez le nombre de rangs

possibles en fonction de l'espace requis pour chaque légume. Divisez ensuite le nombre de rangs par le nombre de semaines sur lesquelles vous voulez **étaler la récolte.**

Autre façon: vous pouvez effectuer vos plus importants semis au potager et réserver les répétitions dans tous les petits espaces disponibles dans les **plates-bandes** un peu partout autour de la maison. C'est amusant de grignoter ici et là, tout en faisant une promenade avant de souper.

Vous pouvez aussi combiner la méthode des semis successifs avec celle des **cultures intercalaires.** Le principe consiste à semer des légumes à croissance rapide entre les rangs de légumes à croissance lente (tomates, poivrons, choux, oignons, etc.). Il s'agit ensuite d'étaler les semis dans le temps. Dans ce cas, les règles de préparation du sol énoncées plus haut s'appliquent.

### POUR VOUS FACILITER LA TÂCHE
*Une main écartée mesure, du pouce à l'auriculaire, environ 20 cm.*

*Cultiver des légumes à croissance rapide entre les rangs des légumes à croissance plus lente permet d'utiliser au maximum l'espace disponible. C'est avantageux, surtout sur les petits terrains. C'est la technique des cultures intercalaires.*

*Les laitues ont été plantées entre les rangs de carottes et de betteraves. On aurait pu gagner un peu d'espace en rapprochant les rangs.*
Caty Fortin

La technique des cultures intercalaires oblige le jardinier à respecter scrupuleusement les intervalles recommandés entre les légumes à croissance lente. Si vous avez tendance à choisir l'intervalle minimum, ajoutez-y au moins 20 %. Ainsi, les légumes à croissance rapide auront toute la place voulue pour se développer sans souffrir de concurrence ni au niveau des racines, ni pour l'ensoleillement.

Vous pouvez réaliser plusieurs semis successifs de légumes à croissance rapide.

## LES LÉGUMES À CROISSANCE RAPIDE

Les légumes réputés pour pousser vite sont les radis, les laitues, les épinards et leurs cousins, les tétragones. Lorsque l'on veut récolter des petites carottes et des petites betteraves avant leur stade de maturité normale pour la confection de mets fins, on peut considérer ces légumes comme ayant une croissance rapide.

### POUR VOUS FACILITER LA TÂCHE
*Pourquoi préparer un bout de terrain juste pour les radis? Ces légumes viennent à maturité en moins d'un mois et demi. Il faut pas mal plus de temps à des haricots ou à des petits pois pour parfaire leur développement. Semez donc vos radis entre les rangs de ces deux légumes-graines.*

### POUR VOUS DISTINGUER
*Comme les tétragones, ou épinards d'été, tolèrent l'ombre, vous pouvez vous en servir comme couvre-sol au pied des cultures érigées, comme le maïs, les tomates et même les tournesols.*

## LES LÉGUMES À CROISSANCE LENTE

Les légumes à croissance lente sont ceux qui, habituellement, occupent l'espace qui leur est dévolu pendant toute la saison. Les plus connus sont: les tomates, les choux, les oignons, les aubergines, les piments, les poivrons, les navets, les panais et, dans une certaine mesure, le maïs, les carottes et les betteraves.

### POUR VOUS FACILITER LA TÂCHE
*La durée de la croissance d'un légume doit toujours être évaluée en relation avec celle du légume avec lequel on veut l'associer. Ainsi, comparés aux laitues en feuilles, les haricots prennent du temps à pousser. Par conséquent, les laitues peuvent être plantées entre les rangs de haricots.*

*La culture en buttes est très souvent pratiquée, mais pas toujours pour les bonnes raisons, parfois même sans raison du tout. C'est une technique qui ne convient pas à tous les sols et qui n'est pas obligatoire.*

## RÈGLES GÉNÉRALES

- Dans un sol sablonneux, où l'eau s'écoule rapidement et qui sèche tout aussi rapidement, il est plutôt hasardeux voire dangereux de cultiver en buttes. Il vaut mieux, au contraire, cultiver en creux, c'est-à-dire planter ou semer les légumes dans des rangs en forme de cuvette, les allées formant des buttes. Le fond des cuvettes aura tendance à être toujours humide, ce qui donnera aux légumes la chance de ne pas manquer d'eau. Si le sol est très sablonneux, on combine à cette technique celle du paillis.

- Dans un sol argileux ou lourd, c'est tout le contraire. Le fond des cuvettes serait sans doute trop humide pour les légumes tandis qu'au sommet des buttes, la terre sera mieux égouttée et les légumes ne risqueront pas de souffrir d'excès d'eau. Toutefois, si le terrain est bien drainé, si l'eau s'écoule bien, la formation de buttes n'est pas nécessaire et on peut cultiver en terrain plat.

### POUR VOUS FACILITER LA TÂCHE

*Le jardinage est beaucoup plus facile sur un terrain plat. Si la terre est lourde, il est donc préférable de l'améliorer et de l'alléger avec de la matière organique plutôt que de tenter de cultiver en buttes.*

### MISES EN GARDE

- *La culture en buttes exige beaucoup plus d'espace qu'une culture à plat, ce qui est un grand inconvénient. Il est donc préférable de s'en passer si possible.*
- *La culture en buttes constitue une sérieuse entrave à l'utilisation de la technique des cultures intercalaires.*
- *La culture en buttes est fortement déconseillée pour les légumes qui boivent beaucoup: laitue, épinard, chou, concombre, tomate.*

- La hauteur des buttes ne devrait jamais dépasser 10 cm de hauteur, car même si l'on veut empêcher les racines de souffrir d'excès d'eau, il faut aussi éviter qu'elles soient rôties par l'action du soleil sur la terre surélevée.

*Au sommet de ces buttes de 20 cm de hauteur pratiquées dans un sol sablonneux, il est certain que les légumes vont souffrir de soif. Le travail de désherbage et de sarclage d'un jardin en buttes est beaucoup plus compliqué et ardu que sur un terrain plat.*

*Dans un potager en buttes, l'arrosage est un vrai casse-tête. En effet, l'eau a tendance à couler rapidement sur la terre avant même d'y pénétrer. Par conséquent, il est rare que toutes les racines des légumes soient proprement humectées. Par ailleurs, une forte pluie ou un arrosage intempestif provoquent une érosion qui risque de mettre les racines à nu et de compromettre la récolte.*

*Cette manie qu'ont les chiens et les chats d'aller gratter dans la terre fraîchement travaillée du potager a de quoi rendre hargneux le plus paisible des jardiniers. À part les produits répulsifs vendus dans le commerce et la garde à vue vingt-quatre heures par jour, il existe un moyen de les éloigner. Il a été expérimenté avec succès par un jeune jardinier de Carignan, Sébastien Guérard.*

*La technique consiste à parsemer le potager de bouteilles de boisson gazeuse de 2 litres, remplies d'eau. On calcule qu'il faut approximativement une bouteille pour 3 à 5 m² de terrain. On ne sait pas très bien selon quel principe ce système fonctionne, mais il est très efficace.*

*Le premier paillis, fait de paille, a été inventé pour empêcher les fraises de se salir ou de pourrir et pour faciliter leur cueillette. Aujourd'hui, le paillis joue un rôle beaucoup plus vaste. Bien que la plupart des jardiniers préfèrent garder la terre à nu dans le potager, le paillis aura toujours sa place au pied des légumes.*

## RÔLES DES PAILLIS

Les paillis maintiennent la **température** du sol plus **basse** que lorsque le soleil plombe directement sur la terre exposée. Au frais, les racines travaillent plus et mieux. Les plantes ne subissent pas d'arrêt de croissance à cause de la canicule et les légumes comme les laitues risquent moins de monter en graines.

*La paille fait un excellent paillis. Elle contribue à illuminer les potagers très denses tout en empêchant les allées de devenir boueuses par temps humide.*

Les paillis **limitent l'évaporation** de l'eau du sol vers l'atmosphère. La terre reste donc humide plus longtemps. Ainsi, le nombre d'arrosages est réduit: on économise l'eau et on se fait moins de soucis.

Bien étendus, et en couches suffisamment épaisses, les paillis limitent considérablement la croissance et la germination des **mauvaises herbes** déjà présentes dans le sol sous forme de graines.

Après une sécheresse prolongée, une terre normale a du mal à s'imbiber quand on l'arrose ou quand il pleut. Les paillis facilitent la **pénétration de l'eau** dans le sol. On ne connaît pas en détail le rôle des paillis dans la lutte contre l'érosion par le vent et par la pluie, mais on sait qu'il est indéniable.

Avantage supplémentaire, les paillis décorent en donnant une impression de propreté. On peut en mettre aussi bien au pied des légumes que dans les allées, pour éviter de marcher dans la boue par temps pluvieux.

Lorsqu'il est enfoui en fin de saison, le paillis de copeaux ou de branches broyées contribue à l'amélioration de la texture du sol. Comme il est très lent à pourrir et à se transformer en humus, il est préférable de ne pas en mettre de trop grandes quantités dans le sol à la fois.

## QUALITÉS D'UN BON PAILLIS

Plus efficace quand il est sec sur presque toute son épaisseur, le paillis doit être assez compact pour bloquer la croissance des mauvaises herbes.

Pour protéger les cultures de légumes semés, le paillis de gazon séché est appliqué entre les rangs dès que les légumes atteignent 5 à 10 cm de hauteur. Dans ce cas, il est indispensable que la terre ait été sarclée et désherbée avant l'application du paillis.

## LES PAILLIS LES PLUS UTILISÉS

Pour des raisons économiques et parce que le potager est plus utilitaire que décoratif dans son essence, nous nous limiterons ici aux paillis naturels que l'on peut trouver facilement ou que l'on a déjà au jardin sous une forme ou une autre.

Ces paillis se décomposent plus ou moins rapidement dans le sol et l'améliorent beaucoup.

**La paille:** On ne la trouve que dans les zones rurales. Pour les petits espaces, il vaut mieux qu'elle soit hachée.

**Le foin:** Mêmes remarques que pour la paille.

**Les feuilles mortes:** Il est préférable de les broyer à la tondeuse avant de les utiliser pour éviter la formation de galettes impénétrables.

**Le gazon séché:** Très efficace, il doit cependant absolument être bien sec, sans quoi il risque de chauffer et de se décomposer en utilisant l'azote du sol, important pour les plantes.

**Les résidus de taille** des haies de thuyas: quand vous taillez une haie de conifères, vous produisez un paillis d'aspect naturel, qui dure longtemps.

**Les copeaux** plus ou moins broyés issus du ramassage privé ou municipal du bois de taille: ils sont de plus en plus disponibles auprès des villes ou dans le commerce et très prisés des organismes environnementaux.

### POUR VOUS DISTINGUER

*Les résidus de taille et les branches broyées sont les plus décoratifs parmi les paillis précédents. Recueillez-en chez vos voisins pour en garnir les allées de votre potager.*

## QUELQUES RÈGLES D'UTILISATION

- N'hésitez pas à étendre une bonne épaisseur de paillis (4 à 5 cm). Faites-le progressivement, au fur et à mesure que les matériaux sont disponibles.

- Chaque automne, en nettoyant le jardin, enfouissez les paillis les moins décoratifs, ils amélioreront la terre. Remettez-en du neuf au printemps suivant.

- Autant que possible, pendant la saison de croissance, ne laissez pas tomber de terre sur les paillis et gardez-les propres. Cela préserve l'esthétique mais empêche aussi les graines de mauvaises herbes de trouver un terrain propice à leur germination.

*Les habitudes d'arrosage doivent s'adapter d'abord et avant tout au type de culture. Dans un aménagement paysager, il est souvent préférable d'utiliser un système automatique ou semi-automatique. Au potager, où les plantations sont temporaires, on peut arroser par aspersion, mais il vaut mieux arroser manuellement, au pied de chaque légume, pour limiter la propagation des maladies.*

étant excellente, les plantes sont prêtes à passer une journée sous la canicule.

L'arrosage en plein soleil est souvent pratiqué dans les grands espaces publics et les parcs municipaux. Il existe peu de preuves pour affirmer que cette pratique soit bonne ou mauvaise pour les plantes. Chose certaine, elle entraîne un gaspillage d'eau parce que l'évaporation est rapide.

*Quelles que soient les plantes que l'on arrose au jardin ou au potager, il faut absolument que l'extrémité du tuyau soit munie d'une pomme d'arrosage genre douche qui brise le jet et projette des gouttelettes à une pression minimum. Les pistolets à pression sont absolument bannis du potager.*

## L'HEURE PROPICE

Les restrictions municipales doivent être respectées, mais elles imposent un horaire qui n'est pas forcément adapté aux plantes. L'heure d'arrosage idéale est le **matin** entre 5 h et 8 h: l'absorption par les racines

## LA BONNE FRÉQUENCE

N'arrosez pas seulement sous prétexte qu'il fait chaud et qu'il n'a pas plu depuis plusieurs jours. Avant d'ouvrir le robinet, assurez-vous que la terre a absolument **besoin d'eau**. Pour le savoir, creusez pour voir où commence la zone humide (plus foncée que la zone sèche). Quand la zone sèche a 2 cm d'épaisseur ou plus, vous pouvez arroser, mais si les plantes ne sont pas ramollies après une journée chaude, vous pouvez attendre encore un peu.

Tous les sols n'ont pas la même capacité à retenir l'eau; ils libèrent l'eau par évaporation à un rythme

différent selon leur nature. Par ailleurs, certains sols sont recouverts d'un paillis, d'autres sont exposés au vent, d'autres reçoivent un peu d'ombre. Conclusion: on n'arrose jamais deux potagers de la même façon, même si les conditions climatiques sont identiques.

## LA PROFONDEUR DE L'ARROSAGE

La **quantité** d'eau fournie est proportionnelle à la **durée** de l'arrosage, mais elle dépend aussi du **débit** du robinet, du degré d'humidité du sol avant l'arrosage, de son épaisseur, de sa nature et de la profondeur des racines. Le jardinier doit donc développer son sens de l'observation.

Le but ultime de l'arrosage est de fournir de l'eau aux racines, mais on en donne toujours un peu plus pour former une sorte de **réserve**. L'eau ainsi emmagasinée en profondeur remontera par **capillarité** au fur et à mesure que les couches supérieures du sol sécheront.

• Une même quantité d'eau descendra **deux à quatre fois** plus profondément dans un sol sablonneux que dans un sol argileux, et au moins deux fois plus vite.

• Les racines occupent **plus d'espace** dans un sol sablonneux que dans un sol argileux.

• Pour vérifier que votre arrosage est adéquat, creusez un peu de temps en temps pour savoir le temps requis pour que l'eau arrive au niveau inférieur des racines assoiffées. Une fois que vous aurez enregistré plusieurs fois ces observations, il vous sera facile de déterminer la durée d'arrosage nécessaire.

• La profondeur **moyenne** d'arrosage pour les légumes est de 15 à 30 cm, selon la nature du sol et le stade de développement des plantes.

## L'ARROSAGE INDIVIDUEL

- Avant d'arroser les légumes un par un, vissez au bout du tuyau un embout genre **douche** qui ne risque pas d'abîmer les feuilles ni de faire des trous dans la terre.
- Pour que l'eau se rende à la profondeur voulue, faites-la couler pendant **10 à 20 secondes,** selon le débit, au pied de chaque plant, en plusieurs fois si l'eau ruisselle rapidement.

### À ÉVITER

*Les pistolets à pression sont très utiles pour laver les autos ou les entrées pavées, mais ils sont les ennemis jurés du jardinier. Ils font des trous à la surface du sol, ce qui provoque la formation d'une croûte quand la terre sèche et met les racines à nu.*

### POUR VOUS FACILITER LA TÂCHE

*Au pied des légumes cultivés individuellement, comme les tomates, les poivrons ou les aubergines, ménagez une cuvette ronde de 20 cm de diamètre et de 5 cm de profondeur pour permettre une meilleure accumulation de l'eau. Au pied des légumes cultivés en rang, comme les haricots, les carottes et les laitues, la cuvette, pratiquée à la binette quand les plants sont jeunes, aura environ 10 cm de largeur de chaque côté du rang.*

## L'ARROSAGE PAR IMMERSION

On peut donner à boire à ses plantes en remplissant d'eau des **rigoles** pratiquées entre les rangs de légumes. C'est ce qu'on appelle «arrosage par immersion». On ne peut utiliser cette technique que dans les terres consistantes. En effet, dans une terre sablonneuse, l'eau s'infiltrerait avant de se rendre au bout des rigoles. Elle demande une bonne pratique avant d'être parfaitement maîtrisée.

Voici comment procéder:

- Lorsqu'on prépare son potager, il faut **espacer les rangs** d'au moins 30 % de plus que la normale.
- Pour une efficacité maximum, les rangs ne devraient pas avoir plus de **5 m** de longueur.
- Creusez à la binette une **rigole** de 20 cm de largeur et de 10 cm de profondeur entre tous les rangs.
- Creusez ensuite au bout du potager le plus près du robinet une sorte de **canal** commun, deux fois plus large que les rigoles. Faites aboutir toutes les rigoles dans le canal.
- Quand vient le temps d'arroser, posez le tuyau dans le canal, ouvrez le robinet à bon débit et faites couler l'eau jusqu'à ce qu'elle atteigne l'extrémité de toutes les rigoles.

## POUR RÉUSSIR

*La quantité d'eau qui s'infiltre dans la terre est plus faible à l'extrémité des rigoles que près du canal d'approvisionnement. Vous y placerez donc les légumes les moins exigeants (oignons, asperges, ail, haricots). Les légumes qui nécessitent le plus d'eau sont les choux, les laitues, les carottes, les navets, les artichauts et les concombres. Les autres légumes occuperont une position intermédiaire le long des rigoles.*

## JUSTE POUR LES TOMATES

Il existe une méthode d'arrosage spécifique aux tomates. Voir le chapitre consacré à ce légume dans la quatrième partie.

*L'utilisation de paillis au potager n'est pas aussi répandue que dans les plates-bandes. Pourtant les avantages qu'elle comporte sont les mêmes et l'entretien en est grandement facilité. Les jardiniers boudent peut-être les paillis parce qu'une terre nue, propre, fine, sarclée ou râtelée a quelque chose de beau, de sensuel. Encore faut-il la dorloter de la bonne façon...*

*Même si l'on cherche à gagner le maximum d'espace, dans un potager ou dans une parcelle de potager, il faut préserver autour des rangs suffisamment de place pour sarcler et pour biner sans risquer d'abîmer ou d'arracher les légumes.* Mathieu Damian

## L'ÉMOTTAGE

L'émottage consiste à briser les mottes de terre produites par le bêchage printanier. Lorsqu'on bêche à l'automne, on laisse les mottes se faire émietter par le gel au cours de l'hiver. Mais lorsqu'on bêche au printemps, il faut procéder à l'émottage avant la pose d'un paillis. Pour que les racines absorbent l'eau et les éléments fertilisants du sol, elles doivent être en **contact étroit** avec les particules terreuses. Elles ne peuvent créer ce contact si la terre est remplie de grosses mottes.

L'émottage commence au cours du bêchage. Chaque fois que l'on retourne une motte de terre, on donne un coup de bêche sur le dessus pour la réduire en mottes plus petites.

Quand le bêchage est terminé, on passe un coup de **croc** pour briser en profondeur les mottes restantes. Dans un sol sablonneux, ce travail pourrait être exécuté, à la rigueur, au râteau.

## L'AFFINAGE

Pour la plantation de légumes dans une terre légère, l'émottage au croc tient souvent lieu d'affinage.

100

Mais le jardinier qui chérit sa terre aime bien la dorloter et n'hésitera pas à la râteler délicatement avant de semer ou de planter.

Le **râteau** sert à émietter finement la surface de la terre, à l'ameublir, en particulier quand elle doit recevoir des semis. On l'utilise aussi pour éliminer les petites mottes dures, les pierres et les déchets organiques de toutes sortes.

## LE SARCLAGE ET LE BINAGE

Le **sarclage** consiste à supprimer les mauvaises herbes avec un sarcloir. Plus le sarclage est fréquent et régulier, plus on détruit les mauvaises herbes jeunes: les chances de les voir produire des graines et de proliférer sont donc réduites.

### POUR VOUS FACILITER LA TÂCHE

*Une façon efficace et facile de désherber préventivement consiste à passer le râteau entre les rangs de légumes une fois par semaine. Cette opération perturbe la croissance des plantules issues de mauvaises herbes qui ont commencé à germer. En plus, c'est un excellent exercice, pas fatigant du tout.*

Le **binage** est un travail d'entretien qui, lui aussi, permet de détruire les mauvaises herbes, en plus d'ameublir et d'aérer la couche de terre superficielle. Sous l'action répétée des pluies et des arrosages, cette couche a tendance à former une croûte, plus ou moins compacte selon la nature du sol et sa teneur en humus. On «casse» cette croûte avec une binette.

Le binage et le sarclage ont plusieurs effets sur la **fertilité** de la terre:

- Ils apportent de l'**air** aux racines, les rendant plus actives, donc plus productives.
- Ils limitent l'**évaporation** de l'eau du sol en brisant les canaux de capillarité. Cette eau reste donc disponible pour les légumes. Par conséquent, les arrosages peuvent être espacés et les rendements sont améliorés.
- Ils facilitent la **pénétration** de l'eau dans la terre. Pluies et arrosages deviennent donc beaucoup plus efficaces.

Contrôler, c'est à peu près tout ce que peut faire le jardinier pour garder son jardin exempt de mauvaises herbes, car celles-ci reviennent toujours. Leurs graines, souvent légères, se promènent dans le vent, s'accrochent aux chaussures, aux pneus des autos. Bref, elles voyagent souvent par des moyens inusités, même dans les excréments d'oiseaux. Quelques-unes d'entre elles disposent, en plus, d'un moyen sournois de réapparaître. Le chiendent, par exemple, a des tiges souterraines dont le moindre petit morceau peut reproduire une plante complète. La clé du contrôle des mauvaises herbes, c'est un état d'esprit: la prévention. Les moyens ne manquent pas.

Lorsqu'on les laisse pousser trop longtemps au potager, les mauvaises herbes nuisent de deux façons. Bien sûr, elles risquent de disperser leurs graines partout, mais en plus, pendant leur période de croissance, elles volent aux légumes avoisinants l'eau et les éléments nutritifs dont ils ont besoin.

En plus de lutter contre les mauvaises herbes et de maintenir le sol humide, la toile noire permet au sol de se réchauffer très rapidement au printemps. C'est un avantage qui profite surtout aux terres lourdes et argileuses, les sols sablonneux se réchauffant d'eux-mêmes rapidement puisqu'ils contiennent peu d'eau.

(Voir page suivante)

Avant de saisir un outil de désherbage, assurez-vous d'avoir pris toutes les mesures pour vous faciliter la tâche.

## QUAND LA PELOUSE DEVIENT POTAGER

Pour créer un nouveau potager, on est parfois tenté de passer le motoculteur ou la bêche directement dans la pelouse. Ce serait une erreur qui assurerait dix ans de désherbage laborieux. Il est absolument indispensable de **soulever la pelouse en plaques** avant de bêcher, et de bêcher profondément de façon à assouplir la terre, qui est sans doute très compacte en raison du piétinement qu'elle a subi.

## À L'ASSAUT DU CHIENDENT

La lutte au chiendent commence quand on prépare la terre. À chaque coup de bêche, surveillez la présence de grosses racines poilues, de la grosseur et de la couleur d'une ficelle. Enlevez-les toutes à la main en essayant de ne pas les couper. Chaque petit bout de ces rhizomes donnera une plante complète de chiendent si les conditions sont favorables, même un an plus tard.

Dans un terrain infesté de chiendent, une fois le bêchage soigneusement exécuté, votre tâche n'est pas finie. Au cours de la semaine suivante, passez le **croc** dans la terre à deux reprises. Vous remonterez ainsi en surface les rhizomes de chiendent qui cherchent à se réinstaller et vous pourrez ainsi les détruire.

### À ÉVITER

*Ne jetez sur le compost ni les rhizomes de chiendent ni les mauvaises herbes montées en graines. Le compost a beau chauffer et détruire ainsi un grand nombre de graines, il pourrait toujours y avoir quelques rescapées qui, plus tard, donneraient des maux de dos au jardinier.*

## LA TOILE NOIRE

En plus d'étouffer les mauvaises herbes, l'utilisation d'une toile noire réchauffe la terre et maintient l'humidité au sol.

- Pour chaque rang de légumes, procurez-vous une toile de **plastique noire,** du genre de celles dont on se sert pour créer des bassins, ou une toile agrotextile, perméable.
- Arrosez si le sol est sec.
- Étendez la toile sur le sol.
- Aux endroits destinés à chaque légume ou à chaque rang de légumes, taillez une **croix** dans la toile avec une lame.
- Semez ou plantez selon le cas.

## LES PAILLIS

Pour connaître les détails de l'utilisation des paillis pour lutter contre les mauvaises herbes, voir le chapitre *Importance des paillis.*

## LE DÉSHERBAGE AU RÂTEAU

Pour une méthode préventive très efficace, munissez-vous de deux râteaux: un large, normal, et un étroit, à six dents, appelé parfois râteau à fleurs. Quand la terre est très légèrement humide, râtissez en surface **une fois par semaine**, dès le mois de mai. En plus d'être un excellent exercice, cette méthode permet de détruire les mauvaises herbes dans la terre dès que les graines commencent à germer. Autre avantage: une terre bien entretenue est très agréable à l'œil et confère aux plates-bandes et au potager une sensualité qui séduit et qui encourage à dorloter son potager.

## DÉSHERBAGE À LA BINETTE ET AU SARCLOIR

Il n'est pas toujours possible de détruire les mauvaises herbes avant leur sortie de terre. Les retours de vacances sont parfois pleins de surprises.

Les deux méthodes ci-dessous se pratiquent de préférence quand la terre est **sèche** en surface.

- On pousse le **sarcloir** (à lame horizontale) pour le glisser sous les racines. Un coup de poignet sur le côté permet de mettre les racines à nu, donc de causer un stress irréparable aux mauvaises herbes. Travaillez en reculant.

- On gratte la terre en tirant vers soi avec la **binette** (lame recourbée). Assurez-vous qu'aucune mauvaise herbe ne reste enfouie. Travaillez en avançant.

*Vous connaissez la chanson? «J'ai descendu dans mon jardin...» Mais, tout le monde n'a pas le privilège d'avoir un jardin bien à soi en bas des marches. Pour ceux qui vivent en hauteur, on pourrait écrire une autre chanson ayant pour titre: «J'ai monté mon jardin au balcon...» Voici comment cultiver quelques légumes (tomates juteuses, laitues croquantes, concombres sucrés) à 3, 5 ou même 10 mètres dans les airs. C'est simple, c'est amusant, c'est délicieux.*

*Cultivées dans des bacs dont l'extérieur est peint d'une couleur foncée, les tomates arriveront à maturité deux ou trois semaines avant celles qui poussent dans les potagers conventionnels. Comme les plants produiront plus longtemps, le nombre de tomates que donnera chaque plant sera plus élevé.*

*Les concombres et les cantaloups peuvent être cultivés dans un pot de plastique noir à condition qu'il n'y ait pas plus d'un plant par pot et que l'on arrose souvent. Il est même conseillé de recouvrir la terre d'un paillis de gazon séché ou de toute autre matière organique isolante.*

Pour la culture de tomates en pots, on peut partir d'un plant vendu en caissette ou acheter un plant déjà installé dans un pot de fibre brune. Mais il est préférable de le transférer dans un pot de plastique noir de 25 cm de diamètre que l'on recouvrira de paillis.

Quel que soit le légume cultivé en pot (ici des pommes de terre), il est important de lui donner un bon mélange de terre. Si vous ne voulez pas en préparer un vous-même, certaines compagnies vendent d'excellents mélanges en sacs.

*La production de pommes de terre nouvelles est possible en pots, à condition que l'on plante une pomme de terre dans un pot de 25 cm de diamètre minimum et que la terre soit légère. Attention cependant: la couleur noire des pots attire la chaleur des rayons du soleil; il faut donc arroser fréquemment pour éviter le dessèchement.*

## PRÉCAUTIONS

Cultiver des légumes sur le balcon veut dire y apporter de la terre qui, une fois arrosée, risque de **peser lourd**. Il importe de vérifier avec le concierge ou l'architecte si la structure est assez solide pour supporter le poids d'un potager.

Pour obtenir de bons résultats, le balcon doit recevoir au moins quatre heures de **soleil** par jour pour laitues, choux, épinards; de six à huit pour tomates, piments, concombres, aubergines; huit heures pour les pommes de terre.

## BIEN CHOISIR LES RÉCIPIENTS

Le choix des récipients se fait en fonction de deux critères: l'esthétique et la quantité de terre nécessaire à une culture sans problème. Voici quelques suggestions.

- **Les pots de culture en plastique,** verts ou noirs, ne sont pas très beaux mais sont pratiques et peu coûteux. Un pot de 15 cm de diamètre suffit pour une laitue, mais pour un plant de tomates, il faut un pot de 40 cm.
- **Les demi-barriques** que l'on peut acheter dans les jardineries: avec deux, on a de quoi espérer une belle récolte. Elles sont idéales pour tomates, poivrons, aubergines et haricots: on les plante au milieu et on les entoure de fines herbes ou de fleurs annuelles ou d'un mélange des deux.
- **Dans les paniers suspendus,** on peut cultiver des tomates cerises ou des

concombres, mais il faut les choisir aussi larges que possible: un plant par pot de 25 cm. Les modèles en fil de fer constituent de bons achats.

- **Les boîtes à fleurs** qui sont vendues dans le commerce sont tout juste assez larges et profondes pour accommoder des laitues. Et encore, à condition d'arroser une ou deux fois par jour. Si vous tenez absolument à utiliser ce type de récipient, faites-en construire sur mesure qui aient au moins 30 cm de largeur et 50 cm de profondeur.
- **Les bacs en bois** seront eux aussi construits sur mesure pour s'intégrer au décor du balcon. Ils doivent avoir 50 cm de profondeur et au moins 50 cm de côté. Pour faciliter leur déplacement, on pourra les installer sur roulettes.
- **Les pots de grès** sont chers, mais ils combinent merveilleusement l'esthétique et les bonnes dimensions. On peut en trouver qui ont plus de 60 cm de hauteur. Il faut les rentrer en hiver parce qu'ils sont poreux et craquent sous l'action du gel.

## DE LA BONNE TERRE ET DE L'EAU

À part les citrouilles, les courges et le maïs, tous les légumes peuvent pousser dans des récipients, mais le succès de ce genre de culture est très étroitement lié à l'arrosage. La quantité de terre étant limitée, les quantités d'eau et de minéraux disponibles pour les racines le sont aussi. Il faut donc surveiller de très près l'arrosage et la fertilisation. Plus les pots sont petits, plus cette surveillance doit être rigoureuse. Pour éviter qu'elle ne devienne astreignante, une seule solution: concocter avec soin le mélange de terre. Chacun peut inventer sa propre recette, mais essayez celle-ci, elle a fait ses preuves:

- 3 volumes de tourbe de sphaigne;
- 3 volumes de terre de jardin (mélange de terre noire, de terre brune et de sable);
- 2 volumes de vermiculite (qui absorbe 7 fois son volume d'eau);
- 2 volumes de perlite (qui limite le compostage);
- ajouter de la chaux et de la poudre d'os à raison de 2 poignées chacune par pot de 25 cm de diamètre.

Ces ingrédients sont en général légers et se transportent facilement au balcon.

### POUR VOUS FACILITER LA TÂCHE

*Dans la recette ci-dessus, un volume équivaut à un pot de n'importe quelle dimension, à une pelletée ou à une poignée. Tout dépend du volume de terre total dont vous avez besoin.*

## ENTRETIEN ÉLÉMENTAIRE

Même cultivés dans de gros récipients avec une bonne terre, les légumes du balcon auront sans doute besoin d'un complément minéral dès la mi-juillet. À partir de cette date et jusqu'à la fin de la récolte, arrosez-les une fois par semaine avec un engrais soluble de type 20-20-20. Réduisez la dose recommandée de moitié pour éviter les excès.

Surveillez l'arrosage de près: la fréquence dépend de l'ensoleillement, du vent et du stade de végétation des légumes: un plant de concombres ou de tomates en pleine production est plus gourmand que lorsqu'il commence à pousser. Arrosez quand la terre est sèche sur les deux ou trois premiers centimètres. Enlevez toute feuille ou tige morte.

La culture en pots a deux avantages liés à leur mobilité: d'une part, on peut mettre à l'ombre les légumes qui ne supportent pas les chaleurs de l'après-midi (laitues, petits pois, etc.); d'autre part, on peut allonger la période de croissance et de récolte en rentrant les légumes le soir, lorsque des gels nocturnes sont annoncés, en début et en fin de saison.

*Tous ces travaux à faire au printemps, c'est fou! Il faudrait des journées de quarante-huit heures. Et encore, on aurait du mal à trouver du temps pour dormir. Pourtant, on est prêt à tout faire pour profiter de son potager pendant tout l'été. Il y a tout de même des moyens de se faciliter la vie. Alors voilà: pourquoi ne pas préparer, semer et planter une partie du potager à l'automne, juste avant de s'encabaner pour l'hiver? C'est facile.*

Tout d'abord, il faut dire qu'il y a des risques à pratiquer le jardinage d'automne et que le taux moyen de réussite varie de 50 à 90 % selon le légume et selon les conditions hivernales. Le jardinier de l'automne mettra toutes les chances de son côté s'il place son potager à un endroit qui reçoit une abondante couverture de neige.

La neige constitue un bon isolant, mais en plus elle contribue à réduire les dégâts causés par l'alternance de gel et de dégel, surtout au printemps. Au besoin, le jardinier installera aux endroits stratégiques des clôtures à neige ou des haies qui forceront la neige à s'accumuler sur son potager.

On sait aujourd'hui que la pelouse peut être semée sur un sol gelé. On manque de données en ce qui concerne les légumes, mais une jardinière chevronnée que je connais a fait l'essai avec des laitues. Elle avait préparé le sol comme pour un semis de printemps, et ses graines de laitue ont germé après un hiver sous la neige.

Conclusion: le seul obstacle aux semis d'automne, c'est la neige hâtive.

## LES LÉGUMES VEDETTES

Les légumes les plus appropriés au jardinage tardif sont les **légumes-feuilles**: laitue, épinard, céleri, bette à carde et chou. C'est toute une expérience de voir de jeunes et tendres feuilles vertes émerger en avril d'une neige cristallisée, à moitié fondue. Selon les jardiniers experts en la matière, assez bizarrement, c'est le chou qui risque de donner les moins bons résultats.

Chez les **légumes-racines**, ceux dont les graines se rient de l'hiver sont la carotte et le panais, mais les rendements sont irréguliers. Parmi les légumes à bulbes, citons l'ail et l'échalote française. Attention, cependant: ils sont très sensibles à l'alternance de gel et de dégel. Pour éviter les déceptions, couvrez le sol, après la plantation, d'un paillis (paille, foin ou gazon séché) de 4 à 5 cm d'épaisseur.

Dans le cas des **légumes-graines,** on obtient quelques bons résultats avec les petits pois, mais aucun des jardiniers interrogés n'a montré un enthousiasme délirant. Par contre, côté fines herbes, le succès est garanti avec le persil et le cerfeuil.

## POUR LES CASSE-COU

Voici maintenant de quoi faire frissonner ceux et celles qui considèrent le potager comme un laboratoire.

Cette expérience a été tentée par l'auteur à Saint-Clet. S'il vous reste quelques tomates mûres sur des plants vigoureux, faites-les tomber et laissez-les pourrir sur le sol. Protégées par le fruit d'abord et par une neige abondante, les graines ont bien passé l'hiver et, à mon grand étonnement, à la fin du mois de mai, une douzaine de plants de tomates émergeaient d'un sol rougi par les fruits en bouillie. Il a suffi de les transplanter...

Essayez, vous verrez.

# TROISIÈME PARTIE

## SEMIS, PLANTATION, ENTRETIEN ET CONSERVATION

- Choix des plants et des semences
- Dates de semis à l'intérieur et à l'extérieur
- Techniques de semis à l'intérieur
- Techniques de semis à l'extérieur
- Techniques de plantation
- Résumé de l'entretien estival et automnal
- Ennemis généraux et lutte
- Conservation

## LE CHOIX DES PLANTS

### COULEUR DU FEUILLAGE

L'intensité du vert varie d'une espèce à l'autre, mais il doit être uniforme sur un même plant. Toute nuance de jaune est un signe probable de sécheresse ou de malnutrition; ne les achetez pas.

### LONGUEUR DES TIGES

Plus un plant est court, trapu et ramifié, mieux il repousse au jardin. Tomates, poivrons et aubergines devraient avoir des tiges aussi courtes que possible. Si elles sont longues, mais pas étiolées, plantez-les plus profondément pour les couvrir jusqu'aux deux tiers des tiges. La partie enterrée peut être droite ou couchée.

### NOMBRE DE FRUITS

Moins le plant porte de fruits, mieux c'est: à la transplantation, les fruits prendraient l'énergie dont les racines ont besoin pour bien s'installer au jardin. Par contre, on peut laisser tous les fruits sur les plants de tomates, de courges et de concombres vendus en gros pots de fibre bruns, puisque les racines ne seront pas perturbées à la transplantation.

### ÉTIQUETAGE

Chaque caissette devrait porter une étiquette indiquant au moins le nom de la variété.

### QUALITÉ DE LA TERRE

Plus la terre des caissettes est friable, plus les plants risquent d'avoir souffert de sécheresse à un moment ou à un autre. Une terre friable rend aussi la transplantation difficile: les racines n'y adhèrent pas et risquent de sécher si vous les laissez à l'air libre plus de deux ou trois minutes. Choisissez des caissettes contenant de la terre moelleuse et consistante.

### ENRACINEMENT

Pour vous assurer que les plants sont bien enracinés: observez si des racines sortent par les trous situés sous la caissette ou soulevez délicatement une plante dans un coin de la caissette: le chevelu racinaire devrait être dense.

### NOMBRE DE PLANTS PAR CAISSETTE

Voici les normes édictées par le Bureau de normalisation du Québec:
• Petites caissettes (17,8 cm x 25,4 cm): 12 plants en général; 9 pour les tomates et les poivrons.

• Grandes caissettes (17,8 cm x 30,5 cm): 18 plants en général; 12 pour les tomates et les poivrons.

## LE CHOIX DES SEMENCES

### DANS LE COMMERCE

Les graines vendues dans le commerce germent généralement à un taux de 90 à 100 %. La plupart des graines de légumes sont enrobées de fongicide pour éviter que les jeunes plantules ne pourrissent au contact de la terre.

Si vous n'êtes pas amateur d'une variété en particulier, achetez ce que l'on appelle des **hybrides F1 (ou hybrides de première génération).** Ce sont des graines issues du croisement de deux variétés aux qualités différentes. Ces hybrides sont généralement plus vigoureux et plus productifs que leurs parents. Si vous les cultivez, n'essayez pas de conserver leurs graines: les hybrides de deuxième génération sont des bâtards souvent très faibles.

Si vos graines de l'année précédente ont été conservées au frais et au sec, elles germeront encore. Le taux de mortalité sera plus élevé qu'avec des graines fraîches, mais ne les jetez pas.

Dans les bonnes conditions, on peut conserver des graines plusieurs années. Mais il y aura de moins en moins de graines capables de germer correctement.

### VOS PROPRES GRAINES

Les fleurs de légumes sont souvent fécondées par du pollen transporté par le vent et dont on ignore l'origine. Les graines issues de cette fécondation hasardeuse porteront des qualités indéterminées, voire des défauts, qui risquent de donner des plants aux rendements très décevants.

Si vous désirez tout de même tenter l'expérience, récoltez les graines quand le fruit qui les porte commence à sécher sur la plante. La plupart des graines ont besoin de passer une période au frais et au sec avant de pouvoir germer. Vous pouvez les conserver au réfrigérateur, pendant l'hiver, dans un pot rempli de sable.

La période pendant laquelle on peut semer chaque légume à l'intérieur s'étend sur deux à trois semaines à partir de la date indiquée. Mais pour avoir de beaux plants vigoureux, il vaut mieux semer un peu trop tard qu'un peu trop tôt. Plus le printemps avance, plus la lumière du soleil est intense et plus elle brille longtemps chaque jour.

| Nom | Date de semis — Intérieur | Date de semis — Extérieur |
|---|---|---|
| Aubergine | 15 au 30 mars | |
| Bette à carde | — | au dégel |
| Betterave | — | au dégel (7) |
| Brocoli | 1er au 15 avril | |
| Carotte | — | au dégel (7) |
| Céleri | 15 au 30 mars | |
| Chou de Bruxelles | 15 mars | |
| Chou-fleur | 1er mars au 15 avril | |
| Chou frisé | 1er avril | |
| Chou pommé tardif | 1er avril | |
| Chou rouge | 1er avril | |
| Citrouille | 15 avril (E) | fin des risques de gel |
| Concombre | 15 avril (E) | fin des risques de gel |
| Cornichon | 15 avril (E) | fin des risques de gel |
| Courge, courgette | 15 avril (E) | fin des risques de gel |
| Épinard | — | 10 jrs avant fin des gels (7) |
| Haricot | — | fin des risques de gel (7) |
| Laitue | 15 avril (E) | au dégel (7) |
| Maïs | — | 10 jrs avant fin des gels (6) |
| Melon | 15 avril (E) | 10 jrs avant fin des gels |
| Navet hâtif | — | au dégel |
| Oignon | 15 mars (E) | au dégel |
| Panais | — | au dégel |
| Poireau | 15 mars (E) | au dégel |
| Pois | — | au dégel (6) |
| Poivron | 1er au 15 avril | |
| Radis | — | au dégel (7) |
| Tomate | 1er mars au 1er avril | |

**(E)** peut être semé directement à l'extérieur
**(6)** semis successifs jusqu'au 15 juin     **(7)** semis successifs jusqu'au 31 juillet

*Démarrer ses semis à l'intérieur permet de gagner du temps sur la nature et de calmer les ardeurs printanières du jardinier. C'est vrai, mais à condition de savoir s'y prendre. Voici mes trucs.*

*Les plateaux à cellules sont les plateaux les plus faciles à manipuler et permettent de perturber le moins possible les racines des légumes à la transplantation.*

## LE BON EMPLACEMENT

L'élément le plus important pour réussir ses semis est la lumière. Si elle est insuffisante, en intensité et en durée, les plantes s'étiolent et deviennent inutilisables. La température idéale se situe entre 20 et 25 °C; si possible, elle doit être plus fraîche la nuit.

L'endroit idéal pour les semis est une serre domestique ou une véranda, mais une mini-serre de fenêtre, exposée plein sud, sera aussi excellente.

Le rebord d'une fenêtre très ensoleillée, plein sud, peut donner de bons résultats, mais comme, au début du printemps, les jours sont encore courts, les résultats ne sont pas garantis. La fenêtre devrait mesurer au moins 1 m de largeur sur 1 m de hauteur et aucun rideau ou auvent ne doit gêner le passage de la lumière. Si l'on utilise un système d'éclairage artificiel, les semis doivent être placés à environ 20 cm de quatre tubes au néon parallèles.

## LE BON RÉCIPIENT

Si vous recyclez des **caissettes en polystyrène,** lavez-les à l'eau de Javel pour éviter tout risque de pourriture.

Les **caissettes et les pots en tourbe pressée** peuvent être utilisés pour des semis en petites quantités, mais leur manipulation est hasardeuse quand ils sont pleins de terre humide. Par contre, ils sont biodégradables et sont facilement recyclables, ne serait-ce que dans le compost.

Il existe trois modèles de **plateaux à semis** en plastique:
• Sans division, pratique pour le semis à la volée, de laitues par exemple;

- Divisé en petites cellules indivi-
duelles: cette division est très
bonne pour les semis car, au
moment de la transplantation, les
racines ne sont pas perturbées;
- Mini-serre: plateau à division
comme le précédent, muni d'un
couvercle de plastique transparent
qui permet de conserver un taux
d'humidité élevé favorable à la germination.

## LE BON TERREAU

Un bon terreau à semis doit être
léger, aéré et doit contenir un minimum d'éléments nutritifs, tout en
restant humide assez longtemps.

Voici quatre recettes de terreau
que vous pouvez modifier selon les
résultats obtenus:
- 1/3 de terreau de rempotage commercial, 1/3 de terre du jardin, 1/3
de sable;
- 1/3 de compost, 1/3 de terre du jardin, 1/3 de sable;
- 1/3 de tourbe de sphaigne, 1/3 de
vermiculite ou de sable, 1/3 de
compost;
- 1/4 de terre du jardin, 1/4 de
terreau de rempotage commercial,
1/4 de vermiculite, 1/4 de tourbe de
sphaigne, une poignée de compost
par récipient.

### MISE EN GARDE
*Ne mettez jamais d'engrais dans
un terreau à semis. Les racines ne
sont pas encore assez fortes.*

## LA BONNE MÉTHODE

- Remplissez le contenant en laissant
un peu d'espace pour arroser.
Mettez un peu de terreau de côté.
- Avec la main, affinez et égalisez la
surface.
- Semez les graines en les espaçant de
2 ou 3 cm.
- La façon de semer varie selon le
modèle de récipient:
  - une ou deux graines par cellule
  dans le cas des plateaux divisés;
  - quatre à six graines dans les pots
  de tourbe pressée de 10 cm;
  - sans ordre précis dans les caissettes de polystyrène ou de tourbe pressée et dans les plateaux
  sans division;
  - en lignes espacées de 5 à 6 cm
  dans les caissettes et les plateaux
  sans division.

### POUR VOUS FACILITER
### LA TÂCHE
*Il est plus facile de semer les petites
graines quand on les mélange avec
un peu de sable fin sec.*

- Avec la main ou une petite planche de bois, tassez légèrement les graines dans le terreau.
- Recouvrez les graines d'une mince couche de terre ou de vermiculite à peu près égale au diamètre des graines.
- Vaporisez de l'eau tiède jusqu'à ce que la terre soit mouillée sur au moins 3 cm de profondeur.

## LE REPIQUAGE

Le repiquage consiste à transplanter les jeunes semis pour leur donner tout l'espace dont ils ont besoin pour se développer. Il a lieu quand les plants ont formé deux vraies feuilles ou deux paires de vraies feuilles dans le cas où les feuilles sont opposées.

- Utilisez les mêmes récipients que pour le semis, à l'exception des plateaux divisés en cellules. Utilisez les mêmes terreaux également, à condition qu'ils soient légèrement humides.
- Avec le doigt, pratiquez à l'avance les trous où seront plantés les jeunes semis.
- Dans une caissette de polystyrène, ne faites pas plus de 12 trous; dans un plateau en plastique, pas plus de 24.

- Enfoncez une cuillère à thé à 2 cm des jeunes plants, soulevez la motte et déterrez le tout.

- Déposez la motte dans un des trous, un peu plus profondément que dans le plateau de semis.
- Bouchez le trou avec un peu de terre.
- Tassez légèrement.
- Arrosez en vaporisant de l'eau sur la terre.

## À ÉVITER

Ne placez pas les jeunes plants repiqués au soleil tout de suite. Laissez-les reprendre leur croissance pendant environ une semaine à l'abri des rayons solaires. Ensuite, remettez-les à la grande lumière.

## POUR RÉUSSIR

Une dizaine de jours avant la transplantation à l'extérieur, commencez à sortir les jeunes plants. Les trois premiers jours à l'ombre: jusqu'à six heures. Le quatrième jour: six heures à l'ombre, une demi-heure au soleil. Ajoutez une demi-heure de soleil par jour.

On peut semer quelques légumes au jardin trois à quatre semaines avant la fin officielle des risques de gel. La plupart des légumes sont semés fin mai début juin dans la plupart des régions du Québec, quand la terre est égouttée et réchauffée. Certains légumes comme les laitues, les oignons et les poireaux peuvent être semés en automne pour germer, parfois, avant que la neige ait fini de fondre.

*Les graines en rubans sont très faciles à semer, mais il faut faire très attention de ne pas les enfouir trop profondément. Quand il s'agit de petites graines, on les recouvre à peine de terre et on arrose en conséquence.*

## LE BON EMPLACEMENT

- Choisissez de préférence un coin de plate-bande recevant au moins trois heures de soleil par jour pour vos semis.
- Assurez-vous que l'endroit choisi est à l'abri du vent.
- Le sol doit être bien drainé et si possible de nature sablonneuse pour favoriser le développement des racines.

## LA PRÉPARATION DE LA TERRE

- Bêchez, ameublissez et enrichissez la terre.
- Avec un râteau, affinez soigneusement la surface et éliminez tous les cailloux et les déchets végétaux.

## MÉTHODES DE SEMIS

- Quelle que soit la grosseur des graines, vous pouvez semer en lignes (sillons) dont la profondeur est égale au double du diamètre des graines. Rebouchez la tranchée une fois le semis terminé et tassez la terre avec le dos du râteau.
- Semez les graines fines (carottes, etc.) directement, à la volée, en les espa-

çant de 2 à 3 cm environ, enfoncez-les dans le sol simplement en tassant celui-ci avec le dos du râteau.

- Pour les **grosses graines** (pois, haricots, etc.), trois choix s'offrent à vous:
  - faites des trous avec le doigt en enfonçant la première phalange, puis déposez la graine dans le trou, rebouchez et tassez le sol avec le dos du râteau;
  - creusez avec le râteau sur une profondeur de 2 cm; mettez la terre de côté; semez les graines en les espaçant de 5 à 6 cm et couvrez-les avec la terre mise de côté; tassez avec le dos du râteau;
  - quand la terre est légèrement sèche en surface, creusez avec la main des petits trous de 3 ou 4 cm de profondeur et déposez 2 à 4 graines dans le fond; puis recouvrez-les d'une très mince couche de terre.

Quand tout est fini, arrosez avec un embout genre douche et à basse pression.

### POUR RÉUSSIR

*Si le sol est sablonneux, faites en sorte que l'espace réservé aux semis soit, après que vous avez tassé la terre avec le râteau, légèrement plus bas que le niveau du sol environnant. Cette précaution est une façon de maintenir un meilleur taux d'humidité au niveau des graines.*

## L'ENTRETIEN DES SEMIS

Quand les jeunes plants ont atteint 3 à 4 cm de hauteur, éclaircissez-les en laissant entre eux la distance voulue pour qu'ils se rendent jusqu'à l'âge adulte sans se nuire. Cette distance varie selon l'espèce considérée. Voir les chapitres consacrés à chaque légume dans la quatrième partie.

Si ce sont des laitues ou des oignons, ne jetez pas les plants superflus:

- donnez-les à des voisins;
- transplantez-les dans une nouvelle plate-bande;
- ou transplantez-les dans des pots de 15 cm de diamètre, que vous pourrez distribuer à des amis quand les plants seront bien enracinés.

### POUR VOUS FACILITER LA TÂCHE

*Il est fort probable que des mauvaises herbes pousseront en même temps que vos plantes. Attendez qu'elles poussent assez pour bien les différencier avant de désherber. Et puis, rassurez-vous, plusieurs des mauvaises herbes en question sont annuelles et ne passeront pas l'hiver.*

## LA TRANSPLANTATION

Il n'est pas nécessaire de transplanter les légumes semés directement au jardin sauf s'ils poussent trop serré.

- Arrosez jusqu'à ce que la terre soit humide jusqu'au bout des racines.
- Enfoncez le plantoir dans le sol et sortez la motte de terre en essayant de ne pas casser les racines. Si vous déracinez plusieurs plants à la fois, déposez-les dans une caissette et, avant de les déménager, couvrez les racines avec un peu de terre humide.
- Déposez le jeune plant là où vous voulez le transplanter, un peu plus profondément que dans la terre de semis.
- Bouchez le trou et tassez la terre tout autour en ménageant une cuvette pour l'arrosage.

## SEMER TÔT POUR PRENDRE DE L'AVANCE

### LA BONNE TERRE

La seule condition pour que vous puissiez semer au jardin tôt après la fonte des neiges est très simple: il faut que la terre soit bien égouttée. Cela signifie que la terre est débarrassée de l'excès d'eau provenant de la fonte des neiges.

Comment le vérifier? De trois façons:

- Si la surface semble boueuse et si les particules de terre ont l'air colmatées, il y a encore trop d'eau.
- Si, quand vous serrez une poignée de terre dans votre main, quelques gouttes s'échappent ou elle devient une masse collante, c'est encore trop tôt.
- Si la terre colle à la bêche ou à la fourche à bêcher, attendez encore un peu avant de la remuer.

### QUOI SEMER?

Une terre gorgée d'eau au début du printemps est généralement trop froide pour assurer une bonne germination et une activité vigoureuse des racines.

Les espèces que l'on ne sème pas tôt sont: les haricots, les concombres, les melons, les courges et les citrouilles.

Les espèces de légumes à semer tôt sans crainte sont: les oignons, les poireaux, les carottes, les radis, les panais, les navets, les petits pois, les laitues et les épinards.

*Les plants de légumes peuvent pousser un peu n'importe où. Mais pour en tirer le maximum, il faut prendre quelques précautions.*

### LA PRÉPARATION DU TERRAIN

Bêchez à l'automne en enrichissant la terre. Si vous vous en sentez le courage ou si la terre risque de contenir des racines de chiendent, bêchez une autre fois au printemps, dès que la terre est débarrassée de l'eau de la fonte des neiges. Ameublissez un peu plus la terre; passez d'abord le croc, puis le râteau.

### LA SÉPARATION DES PLANTS

Dans les caissettes, les racines des différents plants sont mêlées. Pour les séparer en nuisant le moins possible aux plants, il vaut mieux trancher les racines avec un couteau bien aiguisé que les arracher à leurs voisines. Une plaie nette se cicatrise toujours mieux qu'une déchirure.
- Sortez la motte de la caissette en la retournant légèrement.
- Remettez-la à l'endroit et déposez-la sur le sol.

- Avec un grand couteau, divisez-la en autant de petits cubes qu'il y a de plants.

## LA PLANTATION

Pour garantir une bonne reprise, choisissez pour planter une journée nuageuse ou mieux, une journée pluvieuse.

Dans une terre bien ameublie, il vous sera très facile de creuser avec la main ou avec un plantoir. Le travail est plus rapide et plus précis avec la main. Le trou doit être plus large et plus profond que chaque cube de racines.

- Prélevez une plante et son cube de racines.

- Déposez-la dans son trou en vous assurant que la base de la tige et le dessus du cube sont enterrés de quelques centimètres. Il se formera sur la tige un surplus de racines activant la croissance et la floraison.
- Remplissez le trou avec la terre environnante et tassez légèrement en appuyant autour de la tige.
- Dans un mouvement rotatif de la main, creusez une cuvette tout autour de la tige afin de recueillir l'eau d'arrosage et l'eau de pluie.
- Arrosez copieusement, même si la terre est humide et même s'il pleut.
- Recouvrez le sol d'un paillis.

*Voici une liste des principaux travaux à effectuer au potager. Les conseils généraux sont détaillés dans des chapitres séparés.*

## PENDANT L'ÉTÉ

- Semer toutes les semaines une petite quantité de quelques légumes à croissance rapide: laitues, carottes, radis, épinards en particulier.
- Éclaircir les semis successifs de laitues, carottes, radis, épinards, etc.
- Si désiré, étendre du gazon séché au pied de tous les plants, mais spécialement au pied des tomates, des concombres, des melons, des courges, des citrouilles, des poivrons, des aubergines.
- Arroser au besoin, de préférence au pied des légumes.
- Déposer les jeunes citrouilles sur un morceau de plastique ou un carreau de céramique pour les empêcher de se salir et de pourrir au contact du sol humide.
- Si la terre est laissée nue, passer le sarcloir ou la binette régulièrement.
- Tuteurer les tomates et éliminer les gourmands (tiges superflues); tailler l'extrémité de toutes les tiges vers le début d'août.
- S'assurer que les petits pois et les haricots grimpants s'agrippent bien à leur support.
- Récolter les fines herbes avant la floraison.

- Surveiller la présence du doryphore (brun) sur la pomme de terre et de la piéride (papillon blanc, ver vert) sur le chou.
- Butter les pieds de pommes de terre (sans découvrir les tubercules) et de haricots (sans découvrir les racines).
- Cacher le pied des céleris pour qu'il blanchisse.
- Quand les oignons ont atteint leur grosseur adulte, plier le feuillage et le coucher sur le sol.

## PENDANT L'AUTOMNE

- Au fur et à mesure que l'on récolte, jeter feuilles et tiges inutilisées au **compost**. Pour assurer une meilleure décomposition, les hacher au préalable.
- Ne laisser aucune mauvaise herbe sur le sol. Jeter les indésirables sur le tas de compost **à condition qu'elles ne portent pas de graines.**
- Laisser les **paillis** sur le sol et les enfouir au moment du bêchage.
- Quand les récoltes sont terminées, étendre du compost ou du fumier sur tout le terrain. Ne pas étendre de feuilles mortes à moins qu'elles n'aient été broyées ou décomposées dans le compost.
- Bêcher les terres argileuses en automne. Les terres sablonneuses peuvent être bêchées au printemps.

*Contrairement à certaines rumeurs qui courent avec une persistance presque perverse, le nombre d'ennemis du potager est très réduit. On peut même dire que les infestations sont rares et que l'on peut récolter des légumes sans avoir à utiliser le moindre produit de traitement, même biologique. D'autant plus que si certaines précautions sont prises, les ennemis reviennent rarement d'une année à l'autre.*

## LES MALADIES

Les maladies sont tellement rares au potager qu'on les considère pratiquement inexistantes. Pour empêcher l'apparition de celles qui risquent quand même de se manifester, voici quelques mesures préventives.

- Éliminez rapidement les **feuilles mortes.**
- Assurez-vous que le **drainage** du potager est suffisant. On peut améliorer sensiblement l'égouttement en remontant le niveau du sol à 5 cm ou 10 cm au-dessus du niveau du terrain environnant.
- Le **vent** joue un rôle majeur dans l'assainissement de l'air. En diminuant le taux d'humidité grâce à la circulation de l'air, on enlève aux maladies une des conditions idéales à leur développement.
- Si une quelconque maladie venait à s'installer sur les feuilles ou les fruits, **brûlez**-les ou jetez-les dans un sac à ordures.

### MISE EN GARDE
*Ne jetez pas de feuilles, de fruits ou de tiges malades au compost.*

## LES INSECTES

Comme pour les maladies, la prévention, assortie de techniques écologiques, est la clé du jardinage sans souci pour tout ce qui concerne les insectes.

- Éliminez rapidement les **feuilles mortes.**
- Pour détecter certains insectes, comme le **doryphore,** surveillez régulièrement le dessous des feuilles dès le début de la saison. Si vous voyez des amoncellements d'œufs orange, détruisez-les en les écrasant ou en jetant les feuilles atteintes.

- Les **cendres de bois** à l'état brut, en plus d'apporter des éléments miné-

raux, jouent un rôle dans la lutte contre les vers de hanneton qui s'attaquent aux racines. Ne pas en apporter plus de 500 g par mètre carré.

- Les **cendres de bois** en décoction permettent de lutter contre les mouches nuisibles sur les choux, les carottes et les oignons. Faire macérer 250 g de cendre par litre d'eau pendant 24 heures, puis filtrer. Vaporiser les légumes avec l'eau filtrée.
- Appliquez systématiquement les techniques du **compagnonnage** et de la **rotation des cultures**.
- Encouragez la présence des animaux destructeurs d'insectes ou **prédateurs**:
  - les oiseaux insectivores: nourrissez-les en hiver et s'il le faut en été aussi;
  - les animaux à sang froid: grenouilles, crapauds et couleuvres;
  - les insectes amis des plantes: coccinelles contre les pucerons, une certaine guêpe contre les larves de doryphores, certaines punaises et même les perce-oreilles.
- N'écrasez pas les **chenilles**. Certaines peuvent vous aider à vous débarrasser des indésirables.
- Cultivez des **fleurs** qui attirent les insectes bénéfiques ou éloignent les insectes nuisibles:
  - **Vivaces**: alyssum, anémone pulsatille, arabis, aster, bourrache, centaurée, rudbeckie.

- **Arbustes**: amélanchier, bruyère, rhododendron, saule, sorbaria.
- **Bulbes vivaces**: ail, crocus, érythrone, scille.
- **Annuelles**: aubriétie, sauge, pois de senteur.

## LES LIMACES

Les limaces s'attaquent surtout aux légumes à feuilles tendres. Voici plusieurs façons de les éliminer.

*Dans des couvercles de pots de moutarde ou des soucoupes pour plantes d'intérieur, versez un fond de bière. La bière attire les limaces, elles se glissent dans le récipient et se noient. Changez la bière tous les jours.*

- Conservez les **coquilles d'œufs** ou allez en chercher une cargaison au restaurant du coin. Mettez-les dans un sac en plastique, puis piétinez le sac

pour écraser les coquilles. Étendez-en une fine couche sur le sol autour des légumes. Les limaces, en glissant dessus, se coupent et meurent.

- Au petit matin, armez-vous d'une **salière** pleine et arpentez potager et plates-bandes à la recherche des indésirables. Quand vous en voyez une, versez un peu de sel dessus. Les limaces sont surtout constituées d'eau et le sel est un astringent. Elles vont fondre littéralement en quelques secondes.

## PRODUITS BIOLOGIQUES COMMERCIAUX

### MISE EN GARDE
Même si ces produits ne sont théoriquement pas dangereux, utilisez-les avec soin en suivant à la lettre les conseils du fabricant.

LES INSECTICIDES

- Le **B.T.** (*Bacillus thuringiensis*): produit à base de bactéries efficace dans le jardin contre la chenille des choux.
- La **terre diatomée**: à base de silice, coupe la peau ou les tissus intestinaux des insectes. Nuisible aux vers de terre. Peut aussi par contre détruire les insectes utiles.
- Le **savon insecticide**: tue pucerons, tétranyques, cochenilles, chenilles, fourmis.

*Le B.T. se débarrasse des chenilles.*

- Le **pyrèthre**: extrait de la plante du même nom, à saupoudrer ou à vaporiser.
- La **roténone**: extrait de plantes tropicales. Détruit aussi par contre les insectes utiles.

### LES FONGICIDES

Trois fongicides seulement sont considérés comme écologiques. Ils sont d'origine minérale: le soufre, le sel de cuivre et le sel de zinc. Ils contrôlent la plupart des maladies potentielles dans le potager, le verger ou le jardin de fleurs: oïdium, tavelure, rouille. Le charbon de bois est un antiseptique.

## INSECTICIDES MAISON

- Les **solutions** à base de savon (sans détergent), d'ail, de cendres de bois, d'algues et d'herbes (aneth, camomille, romarin) jouent un rôle actif dans la lutte contre les insectes. Leur action est lente et il faut répéter les traitements.
- Lorsque l'infestation est assez sévère, essayez le mélange suivant: mettez dans 1 litre d'eau 1 c. à thé de savon à vaisselle doux, 1 c. à soupe de piments forts broyés et 1 c. à soupe d'ail haché. Laissez macérer pendant 48 heures. Filtrez ce liquide et vaporisez-le sur les plants infestés.

*Il n'est pas très facile de conserver les légumes pour nourrir la famille pendant l'hiver. Mais si vous cultivez vos propres légumes pour économiser, il est possible de les entreposer. Un minimum d'installation est nécessaire pour leur assurer une longue vie sans qu'ils se déshydratent ni qu'ils perdent de leur valeur nutritive.*

## LA CHAMBRE FROIDE

Dans les maisons modernes, rares sont les endroits qui restent froids et humides en hiver. L'entrée extérieure d'un sous-sol peut être fermée avec une porte de bois et aménagée comme une chambre froide, les marches servant d'étagères. Dans un grenier facilement accessible, on peut construire une pièce suffisamment isolée pour éviter les changements brusques de température. Enfin, la solution la plus populaire consiste à aménager une pièce au sous-sol, de préférence à côté d'une fenêtre pour faciliter l'aération. Il faut alors s'assurer que cette fenêtre est munie d'un système d'ouverture facile à manœuvrer. On isole les murs donnant sur le reste de la maison, mais pas le mur extérieur.

Si l'on veut conserver en même temps des fruits et des légumes, il faut prévoir deux espaces distincts dans la chambre froide, car les fruits dégagent des gaz, l'éthylène en particulier, qui accélèrent le vieillissement des légumes. Dans une chambre froide, l'aération est essentielle: l'idéal est de construire le plancher en larges panneaux de lattes amovibles pour que l'air puisse circuler. De plus, ces panneaux peuvent être soulevés pour qu'on glisse dessous, si l'humidité est insuffisante, un matériau imbibé d'eau, comme du sable, de la sciure ou du papier journal.

La chambre froide peut être équipée de tous les perfectionnements techniques existants: humidificateur, déshumidificateur, système refrigérant, etc., mais nous décrirons ici une chambre froide peu coûteuse, refroidie seulement par l'action de la température extérieure.

## MATÉRIEL NÉCESSAIRE

- Contenants: boîtes de bois, sacs de papier ou boîtes de carton percées sur les côtés.
- Matériaux isolants **secs** dans lesquels les légumes sont emballés: tourbe, mousse de sphaigne, sciure de bois, sable, paille.
- Un thermomètre intérieur-extérieur, indispensable puisque le cli-

mat de la chambre froide dépend des conditions extérieures.

- Un hygromètre pour pouvoir contrôler l'humidité ambiante.
- Un plancher de lattes et des étagères à claire-voie.

## CONTRÔLE DE L'ATMOSPHÈRE

Les deux facteurs qui influencent la conservation des légumes en chambre froide sont la **température** et l'**humidité.** La température idéale de conservation des légumes dont il est question ici varie entre 0 et 2 °C, mais peut monter jusqu'à 6 °C sans autre conséquence qu'une diminution de la durée de conservation.

L'humidité est le facteur le plus difficile à contrôler. Elle doit se maintenir autour de 90 à 95 %, sauf pour les oignons, les haricots et les petits pois secs qui se conservent mieux à un taux de 65 à 70 %. Pour élever le degré d'humidité, on peut glisser sous le plancher de lattes du sable, de la sciure ou du papier journal mouillé.

L'air doit circuler: la ventilation peut être assurée par l'ouverture périodique d'une fenêtre ou d'une porte, ou par des volets de ventilation reliés à un rhéostat.

## PRÉPARATION DES LÉGUMES

Choisissez de préférence des variétés à maturation tardive, qui se conservent mieux. Récoltez les légumes dès les premiers gels légers, par une journée sèche. Essuyez-les à sec mais **ne les lavez pas.** Manipulez-les avec soin. Coupez les feuilles des légumes-racines (carottes, betteraves, navets, etc.) à 1 cm de la base, mais ne coupez pas les racines fines. Laissez les oignons et les échalotes sécher sur le sol pendant une semaine, puis coupez leurs feuilles.

### MISES EN GARDE

- *N'entreposez pas de légumes abîmés ou malades.*
- *Les pommes de terre et les oignons peuvent être placés directement dans des boîtes. Les légumes-racines doivent être emballés dans un matériel isolant pour limiter leur exposition à l'air et pour les séparer les uns des autres afin de prévenir la prolifération de pourriture.*
- *Rappelez-vous que plus les légumes vieillissent, plus ils perdent leur eau et plus ils deviennent sucrés. Cela a des conséquences sur leur texture et leur consistance, donc sur leur temps de cuisson.*

## DURÉE DE CONSERVATION APPROXIMATIVE

| | |
|---|---|
| Betterave: | 5 mois |
| Brocoli: | 3 sem. |
| Carotte: | 4 mois |
| Céleri: | 2 mois |
| Chou de Bruxelles: | 1 mois |
| Chou d'hiver: | 3 mois |
| Échalote: | 6 mois |
| Navet: | 5 mois |
| Oignon: | 6 mois |
| Panais: | 3 mois |
| Poireau: | 3 mois |
| Pois sec: | 10 mois |
| Pomme de terre: | 4 mois |
| Rutabaga: | 3 mois |

# QUATRIÈME PARTIE

# CULTURE DE A à Z

- Ail
- Artichaut
- Asperge
- Aubergine
- Bette à carde
- Betterave
- Brocoli
- Cantaloup
- Carotte
- Céleri
- Chou
- Citrouille
- Concombre et cornichon
- Courge et courgette
- Épinard et tétragone
- Fines herbes
- Gourgane
- Haricot
- Laitue
- Maïs sucré
- Navet
- Oignon
- Oseille
- Panais
- Pastèque
- Piment fort
- Pissenlit
- Poireau
- Pois
- Poivron
- Pomme de terre
- Radis
- Rutabaga
- Tomate
- Topinambour

---

## POUR VOUS FACILITER LA TÂCHE

*Pour mesurer l'intervalle entre deux légumes, servez-vous de votre main écartée. La distance entre l'extrémité de votre pouce et l'extrémité de votre petit doigt est d'environ 20 cm.*

## CATÉGORIE DE LÉGUME

Racine (bulbe).

## FORMES ET COULEURS

Il existe de l'ail blanc, de l'ail rose et de l'ail rouge.

## ENSOLEILLEMENT MINIMUM

8 heures.

## QUALITÉS DE LA TERRE

L'ail ne pousse bien que dans une terre légère. Il pousse mal dans les terres humides, les terres argileuses et même les terres riches et consistantes.

## MODE DE MISE EN TERRE

Plantation des gousses.

## ÉPOQUE DE MISE EN TERRE AU JARDIN

Soit tôt au printemps, soit en automne avant que le sol gèle, à la même période que les bulbes de tulipes.

## INTERVALLES ET PROFONDEUR

Intervalle entre les plants: de 15 à 20 cm. Il faut environ 20 g de gousses pour planter 1 mètre linéaire. Profondeur: recouvrir les gousses de 1 cm de terre fine.

## ENNEMIS SPÉCIFIQUES

Les seules maladies qui peuvent nuire à l'ail se développent dans les terrains qui ne sont pas favorables à sa culture.

## ENTRETIEN SPÉCIFIQUE

Petite mise en garde: l'ail, comme d'ailleurs toutes les plantes à bulbe, est réfractaire aux apports de matière organique (compost ou fumier) lorsqu'ils précèdent de peu la plantation. Il est préférable d'enrichir la terre l'année précédant sa culture.

*Diane McKay, Le Jardin du Grand Portage*

136

### EXIGENCES EN EAU

L'ail se contente de la pluie. Il peut supporter des sécheresses prolongées.

### RÉCOLTE

Après la floraison, lorsque les tiges commencent à jaunir, arrachez les plants et laissez-les couchés sur le sol quelques jours pour qu'ils puissent sécher. Arrachez ensuite et coupez les racines. Après la récolte, suspendez les gousses dans un endroit sec.

*Ail rouge.*

137

### CATÉGORIE DE LÉGUME

C'est la fleur de l'artichaut que l'on mange, mais on l'associe aux légumes-feuilles.

### FORMES ET COULEURS

Certaines variétés sont presque rondes, d'autres sont plutôt allongées. Les rondes sont généralement plus charnues.

### ENSOLEILLEMENT MINIMUM

8 à 10 heures.

### QUALITÉS DE LA TERRE

La culture de l'artichaut demande une terre riche et humide, car c'est un grand assoiffé. Le sol doit cependant être bien drainé pour empêcher l'accumulation d'eau.

### MODE DE MISE EN TERRE

Plantation de jeunes plants.

### DATE APPROXIMATIVE DE SEMIS INTÉRIEUR

Mi-février. Le semis doit être fait dans une serre ou une véranda très éclairée, sinon la production est compromise.

### ÉPOQUE DE MISE EN TERRE AU JARDIN

Vers la fin de mai.

### INTERVALLES ET PROFONDEUR

Espacez les plants d'environ 80 cm.

### ENNEMIS SPÉCIFIQUES

Les pucerons et les mouches blanches peuvent s'attaquer aux artichauts ainsi que certaines chenilles. On peut les éliminer avec du B.T. (*Bacillus thuringiensis*), un insecticide naturel.

### ENTRETIEN SPÉCIFIQUE

Sous les climats plus tempérés, l'artichaut est une plante vivace. Chez nous, il meurt chaque hiver. Comme il utilise l'espace qui lui est alloué pendant toute la saison, on peut cultiver des laitues, des

radis ou d'autres petits légumes entre les rangs.

### EXIGENCES EN EAU

L'artichaut consomme d'énormes quantités d'eau pendant toute la saison. Ménagez une cuvette à son pied pour pouvoir l'arroser abondamment. Recouvrez toute la périphérie de la cuvette avec un paillis de gazon séché.

### RÉCOLTE

Au Québec, on peut obtenir de 4 à 5 artichauts par plant, dans les bonnes conditions. Pour que les têtes soient tendres, il est conseillé de les mettre dans des sacs de papier dès qu'elles sont à demi-formées. De toute façon, il ne faut pas les laisser grossir trop, sinon elles deviennent trop fibreuses et impossibles à manger.

## CATÉGORIE DE LÉGUME

Ce que l'on mange dans le plant d'asperge, ce sont les jeunes tiges qui deviendront plus tard de magnifiques plantes vaporeuses. Ce sont des légumes-feuilles. La partie que l'on mange s'appelle le turion.

## FORMES ET COULEURS

Il existe plusieurs variétés d'asperges dont la longueur varie légèrement.

## ENSOLEILLEMENT MINIMUM

8 heures.

## QUALITÉS DE LA TERRE

Les asperges préfèrent les terres sablonneuses, légèrement consistantes, mais surtout très bien drainées, car un excès d'eau au printemps peut leur être fatal. Au moment du bêchage, enfouissez une bonne dose de matière organique (fumier ou compost) à raison de 3 à 5 kg par mètre carré. Cela est très important puisque les plants d'asperges peuvent rester en place jusqu'à 20 ans.

## MODE DE MISE EN TERRE

On peut semer les asperges, mais il faudra attendre au moins deux ans avant d'obtenir une production intéressante. Lorsque l'on plante des griffes, c'est-à-dire des sections de souche d'asperge, la production commence l'année suivant la plantation.

## DATE APPROXIMATIVE DE SEMIS EXTÉRIEUR

Tôt au printemps.

## ÉPOQUE DE MISE EN TERRE AU JARDIN

La plantation des griffes a lieu 5 à 6 semaines avant la fin officielle des gelées, à condition que le sol puisse être travaillé sans coller aux outils.

## INTERVALLES ET PROFONDEUR

On plante les griffes à 20 cm de profondeur et à 50 cm d'intervalle. Lorsque l'on plante plus d'un rang, il faut les espacer d'environ 90 cm pour pouvoir travailler à l'aise tout autour. Précaution particulière: bien étaler les racines de la griffe au fond du trou.

### POUR VOUS FACILITER LA TÂCHE

*Afin de repérer facilement l'endroit où ont été plantées les griffes, placez un piquet juste à côté, au moins jusqu'à ce que les premiers turions apparaissent.*

## ENNEMIS SPÉCIFIQUES

Les pires ennemis des asperges sont les mauvaises herbes.

## ENTRETIEN SPÉCIFIQUE

En automne, coupez les tiges jaunies à 20 ou 30 cm au-dessus de la butte pour faciliter l'accumulation de la neige. Il faut les brûler ou les jeter, mais il est absolument déconseillé de les mélanger au compost, car elles peuvent contenir des parasites. Ensuite, buttez les plants d'asperges. Enlevez la butte au printemps dès que vous pouvez passer le sarcloir ou la binette librement. Il est possible de diviser un plant d'asperge âgé de 5 ans en plants plus petits.

## EXIGENCES EN EAU

L'arrosage n'est nécessaire que lorsque la période de sécheresse dure plusieurs semaines.

## RÉCOLTE

La récolte commence en mai lorsque les turions ont de 15 à 20 cm de longueur. Coupez-les alors au ras du sol. Ne récoltez pas plus de 8 à 10 tiges par plant pour ne pas l'affaiblir. Une fois la récolte terminée, buttez légèrement les plants; vous finirez le buttage en automne. Vous pouvez utiliser l'espace entre les plants et entre les rangs pour cultiver des légumes à croissance rapide comme les radis, les laitues, les haricots, les épinards et les navets.

### POUR VOUS DISTINGUER

*Si vous avez l'esprit aventureux, sachez que des griffes d'asperges plantées en serre au début de novembre peuvent produire de délicieux turions pour les Fêtes.*

## CATÉGORIE DE LÉGUME

Fruit.

## FORMES ET COULEURS

Il existe plusieurs variétés d'aubergines violettes à gros ou à petits fruits. Il existe également une variété à petits fruits blancs ovales également comestibles.

## ENSOLEILLEMENT MINIMUM

8 à 10 heures, mais de préférence du soleil toute la jour-née, car ce légume est très exigeant en chaleur.

## QUALITÉS DE LA TERRE

Peu importe la sorte de terre dans laquelle l'aubergine est cultivée, elle doit être riche en matière organique fraîche: compost ou fumier. Là où c'est possible, on pourra enrichir la terre durant la période de croissance avec du purin dilué à 50 %.

## MODE DE MISE EN TERRE

On plante les jeunes plants qui ont été produits par semis à l'intérieur.

## DATE APPROXIMATIVE DE SEMIS INTÉRIEUR

Entre le 15 et le 30 mars.

## ÉPOQUE DE MISE EN TERRE AU JARDIN

Comme l'aubergine est un fruit qui demande beaucoup de chaleur, il faut attendre que la terre soit réchauffée avant de la planter, c'est-à-dire au début de juin.

## INTERVALLES ET PROFONDEUR

La distance entre les plants doit être de 60 cm. Si les jeunes plants sont très hauts, on peut enterrer la tige jusqu'à la moitié de sa longueur à condition d'enlever

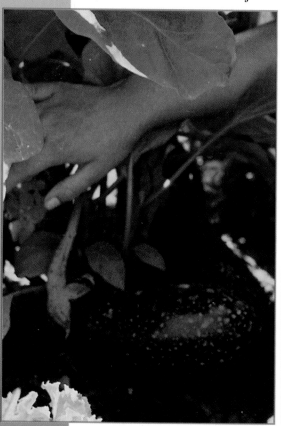

au préalable les feuilles sur la partie enterrée.

## ENNEMIS SPÉCIFIQUES

Les limaces sont friandes des jeunes feuilles d'aubergines. On a vu dans la troisième partie de cet ouvrage comment s'en débarrasser facilement. Ce fruit est parfois l'objet d'attaques par les doryphores. Voir la section sur la pomme de terre pour savoir comment les repousser.

## ENTRETIEN SPÉCIFIQUE

L'aubergine se cultivant un peu comme la tomate, elle est l'objet d'une légère taille estivale. Tant que la première fleur n'est pas apparue, éliminez à leur base toutes les jeunes tiges latérales. À l'apparition de la première fleur, ne laissez se développer que 4 tiges latérales soigneusement réparties tout autour de la tige principale. Coupez l'extrémité des tiges latérales lorsqu'elles portent deux fleurs. Quand 8 fruits sont bien formés, éliminez toute pousse qui tente de se développer n'importe où sur le plant.

## EXIGENCES EN EAU

Comme la tomate, l'aubergine est une grande assoiffée. Ménagez une petite cuvette à son pied pour pouvoir l'arroser copieusement. Recouvrez le sol d'un paillis de gazon séché ou de toute autre matière organique.

## RÉCOLTE

Les fruits des aubergines doivent être bien mûrs au moment de la récolte. S'ils sont cueillis et consommés trop jeunes, ils peuvent être toxiques, à cause de la solanine qu'ils contiennent.

# BETTE À CARDE

## CATÉGORIE DE LÉGUME

La bette à carde est un légume-feuille comme la laitue, le chou et l'épinard. Elle est de la même famille que la betterave, mais sans la racine charnue.

## FORMES ET COULEURS

Il existe des variétés à pétioles blancs et d'autres à pétioles rouges. Les feuilles se man-

gent comme des épinards, les pétioles se mangent comme des courgettes ou des asperges. La bette à carde est une plante au feuillage vert foncé, très décoratif, qui peut servir de fond de verdure à des fleurs.

## ENSOLEILLEMENT MINIMUM

4 à 6 heures.

## QUALITÉS DE LA TERRE

Comme tous les légumes-feuilles, la bette à carde a besoin de beaucoup d'eau. Il lui faut donc un sol consistant de préférence, riche en matière organique, mais pas trop acide.

## MODE DE MISE EN TERRE

Semis dans une terre bien travaillée.

## DATE APPROXIMATIVE DE SEMIS EXTÉRIEUR

2 à 3 semaines avant la fin officielle des gelées.

## INTERVALLES ET PROFONDEUR

Placez les graines à 2 cm de profondeur et à environ 10 à 15 cm d'intervalle. Quand les plants ont atteint 5 à 10 cm de hauteur, éclaircissez de façon que les plants soient distancés de 20 à 30 cm. Vous pourrez consommer les jeunes plants superflus en salade ou cuits comme des épinards.

## ENNEMIS SPÉCIFIQUES

La bette à carde est une proie facile pour les limaces. On s'en débarrasse manuellement. Les pucerons s'y attaquent aussi quelquefois. Pour s'en débarrasser, on peut essayer d'abord de les arroser copieusement avec de l'eau pour les faire tomber et ensuite les écraser avec les pieds. Si on ne réussit pas avec ce traitement, on peut avoir recours aux insecticides naturels.

## ENTRETIEN SPÉCIFIQUE

Le sol qui entoure les bettes à carde doit être désherbé régulièrement pour empêcher la concurrence.

## EXIGENCES EN EAU

Comme les autres légumes-feuilles, la bette à carde boit beaucoup. Pour empêcher le sol de sécher trop vite, on le recouvre d'un paillis de gazon séché.

## RÉCOLTE

La récolte a lieu du milieu de l'été jusqu'aux gelées. On cueille les feuilles extérieures de la plante au fur et à mesure qu'elles grandissent. Il en pousse de nouvelles à l'intérieur. Vers la fin de la saison, déterrez les plants les plus gros en premier, de façon à laisser aux plus petits un peu d'espace pour finir leur cycle de végétation.

## CATÉGORIE DE LÉGUME

Racine, mais les feuilles peuvent être consommées comme des épinards.

## FORMES ET COULEURS

Il existe de grosses betteraves rouges, il en existe des miniatures. Les amateurs d'inhabituel se régaleront sans doute des variétés jaune doré qui conviennent très

bien aux salades et aux marinades.

## ENSOLEILLEMENT MINIMUM

6 à 8 heures.

## QUALITÉS DE LA TERRE

La betterave se développe très bien dans les sols plus ou moins sablonneux, mais qui gardent bien leur humidité. Par conséquent, ils devront être enrichis de matière organique: 4 à 5 kg de compost ou de fumier par mètre carré.

## MODE DE MISE EN TERRE

Semis direct dans une terre qui ne contient ni pierres, ni grosses mottes, ni déchets végétaux solides.

## DATE APPROXIMATIVE DE SEMIS EXTÉRIEUR

3 à 4 semaines avant la fin officielle des gelées.

## INTERVALLES ET PROFONDEUR

Recouvrez les graines d'environ 1 cm de terre fine puis tassez légèrement avec la main ou le râteau. Éclaircissez les betteraves à 5 à 8 cm de distance selon la variété. L'éclaircissage a lieu normalement quand les plants ont 5 cm de hauteur, mais on peut aussi attendre un peu plus tard: on cueille alors les plus grosses que l'on consomme comme mets fin, en entrée. Pour que le travail d'entretien soit plus facile, les rangs doivent être distancés d'environ 30 cm.

## ENNEMIS SPÉCIFIQUES

Les betteraves sont détruites systématiquement par les vers blancs ou les vers gris. Il est important d'éliminer ces vers au fur et à mesure qu'on les rencontre au moment du bêchage ou du sarclage. Quelques maladies peuvent s'attaquer aux betteraves, mais dans les jardins où la culture est réduite, la production n'est pas compromise.

## ENTRETIEN SPÉCIFIQUE

Pour assurer un développement maximum des racines, désherbez régulièrement et ameublissez la terre autour des rangs avec une griffe à trois dents ou une binette.

## RÉCOLTE

La récolte a lieu progressivement tout le long de l'été, par temps sec, au fur et à mesure qu'on a besoin de légumes pour les repas. Les betteraves destinées aux mari-

nades sont récoltées avant les premières gelées de l'automne. Si l'on doit les conserver pendant quelque temps avant de les apprêter, il faut faire sécher la terre collée dessus et les nettoyer sans laver les racines. Les feuilles peuvent être consommées comme des épinards tout au long de la saison.

## CATÉGORIE DE LÉGUME

Même si c'est la fleur non épanouie que l'on mange, le brocoli est associé aux légumes-feuilles, comme les choux.

## FORMES ET COULEURS

La variété la plus connue est verte, mais il existe une variété mauve que certains classent parmi les choux-fleurs.

*Brocoli vert.*

## ENSOLEILLEMENT MINIMUM

6 heures.

## QUALITÉS DE LA TERRE

Les choux aiment les terres consistantes et riches qui gardent bien leur humidité. Les terres sablonneuses et légères peuvent être enrichies avant qu'on y installe du brocoli. L'acidité de la terre doit être supérieure à 6,5 sur l'échelle du pH.

## MODE DE MISE EN TERRE

C'est la plantation de jeunes plants qui est le plus couramment pratiquée. Un jardinier audacieux peut semer ses brocolis à l'extérieur très tôt au printemps; par contre, il les récoltera beaucoup plus tardivement ainsi.

## DATE APPROXIMATIVE DE SEMIS

À l'intérieur: vers la mi-mars. À l'extérieur: au dégel. Certains jardiniers sèment également le brocoli et les choux en automne sur un terrain bien protégé par la neige.

## ÉPOQUE DE MISE EN TERRE AU JARDIN

À partir du début de mai. Chaque plant de brocoli doit être séparé de son voisin d'environ 40 cm. On enfonce les plants vendus en caissette dans la terre un peu plus profondément qu'ils étaient plantés.

## ENNEMIS SPÉCIFIQUES

Comme les choux, le brocoli est sensible à l'attaque de la piéride (petit papillon blanc). Les vers dévorent les parties centrales de la plante. On s'en débarrasse soit manuellement, soit à l'aide d'un insecticide naturel: le B.T. (*Bacillus thuringiensis*).

## ENTRETIEN SPÉCIFIQUE

Désherbez régulièrement et recouvrez la terre d'un paillis.

## EXIGENCES EN EAU

Les brocolis boivent beaucoup, même plus que les choux parce qu'ils arrivent à maturité beaucoup plus rapidement.

## RÉCOLTE

Cueillez les brocolis dès qu'ils sont bien formés et quand les bourgeons sont bien fermés. Lorsque la pomme principale est cueillie, laissez le plant en place jusqu'à l'automne. Il produira alors de petites pommes vertes ou mauves, délicieuses en entrée.

Brocoli 'Violet Queen'.

## CATÉGORIE DE LÉGUME

Fruit.

## FORMES ET COULEURS

Il existe des cantaloups à peau verte, à peau rugueuse et brunâtre, et à peau orangée. La chair est soit verte, jaune ou orangée.

## ENSOLEILLEMENT MINIMUM

8 heures.

*Yves Gagnon, Le Jardin du Grand Portage*

'Early Queen'.

## QUALITÉS DE LA TERRE

Le cantaloup est un légume très exigeant en matières nutritives et en eau. Il lui faut donc une terre consistante, riche, mais suffisamment souple pour que ses racines se développent rapidement. On peut même le planter directement dans un vieux compost. Une façon très productive de cultiver tous les légumes rampants comme la citrouille, le melon, le concombre et la courge consiste à installer les plants dans une couche de terre de 15 cm d'épaisseur étendue au-dessus d'une tranchée de 30 cm de profondeur remplie de fumier ou de compost.

## MODE DE MISE EN TERRE

Plantation. En général, sous notre climat le semis direct ne permet pas de mener les cantaloups à maturité.

## DATE APPROXIMATIVE DE SEMIS INTÉRIEUR

Début d'avril. Les jardiniers aventureux peuvent essayer de semer le cantaloup directement dehors, dans une terre bien égouttée, vers la fin d'avril.

## POUR VOUS FACILITER LA TÂCHE

*Semez deux ou trois graines de melon dans des pots de terre cuite de 10 cm. Avant de remplir les pots de terre, couvrez le trou, de drainage avec une petite pierre plate. Lorsque les plants sont prêts à mettre au jardin, humectez la terre puis poussez la petite pierre avec un doigt à travers le trou, et la motte sortira tout entière sans se défaire. Si elle se défaisait, la reprise au jardin serait compromise et la culture beaucoup plus ardue.*

### ÉPOQUE DE MISE EN TERRE AU JARDIN

Au début de juin lorsque la terre est bien réchauffée et que le climat permet de fournir aux cantaloups toute la chaleur dont ils sont gourmand.

### INTERVALLES ET PROFONDEUR

Les graines que l'on sème doivent être légèrement recouvertes de terre que l'on tasse ensuite. L'intervalle entre chaque plant doit être approximativement de 1 m. On estime en effet à environ 1 m$^2$ l'espace minimum pour cultiver chaque plant de cantaloup.

### ENNEMIS SPÉCIFIQUES

Peu d'insectes s'attaquent aux cantaloups. Par contre, les plants sont parfois atteints d'une maladie qu'on appelle «le blanc». On s'en débarrasse avec des produits à base de soufre.

### ENTRETIEN SPÉCIFIQUE

Les fleurs femelles, celles qui donneront les fruits, apparaissent plus tard que les fleurs mâles. Pour en activer la formation, il est important de tailler le cantaloup par beau temps et avec un couteau bien aiguisé. Voici une

méthode de taille simplifiée que l'on appelle la «taille longue»:

- Dès que le jeune plant porte trois feuilles, coupez-le au-dessus de la deuxième feuille. Il se formera alors deux nouvelles tiges latérales; laissez-les se développer jusqu'à ce qu'elles aient huit feuilles. Coupez alors leur extrémité; c'est sur les nouvelles tiges que vont apparaître les fleurs femelles.
- Dès que les fleurs sont fécondées, coupez l'extrémité de la tige porteuse au-dessus du dernier fruit. Toutes les tiges qui se développent une fois les jeunes fruits formés doivent être raccourcies à une seule feuille.

## EXIGENCES EN EAU

Le cantaloup est très exigeant en eau; cultivez-le dans une cuvette pour que l'eau puisse s'accumuler lors des pluies et des arrosages. Un bon paillis de gazon séché permet de garder la terre plus humide et plus fraîche au cours des journées chaudes. En même temps, le paillis protège les fruits de la pourriture qui pourrait les attaquer au contact de la terre.

## RÉCOLTE

La récolte a lieu dès que les fruits prennent leur couleur de maturité et dès qu'ils dégagent une petite odeur de fruit mûr. Cueillir le cantaloup avec son pédoncule.

**CATÉGORIE DE LÉGUME**

Racine.

**FORMES ET COULEURS**

Il existe 4 types de carottes: des mini-carottes rondes, des carottes courtes cylindriques, des carottes demi-longues cylindriques et des carottes longues, très effilées à l'extrémité. Les espèces de carottes de type nantaise et chantenay sont des carottes demi-longues. Ce sont aussi les plus populaires.

**ENSOLEILLEMENT MINIMUM**

6 à 8 heures.

**QUALITÉS DE LA TERRE**

Les carottes poussent mal dans les sols secs et compacts. Il leur faut une terre riche, bien travaillée, de façon que les carottes puissent se former sans se déformer. La terre doit être également fraîche, c'est-à-dire bien garder son humidité pendant la saison chaude. Elle doit être enrichie de compost ou de fumier décomposé.

**MODE DE MISE EN TERRE**

Semis direct.

**DATE APPROXIMATIVE DE SEMIS EXTÉRIEUR**

On peut semer les carottes dès que la terre peut être travaillée sans coller aux outils. Mais les jardiniers prévoyants peuvent également les semer en automne, dans un endroit bien protégé par la neige. Les jeunes plants de carottes supportent les gelées printanières. Pour étaler la récolte, on peut semer à répétition jusqu'au début de juillet.

*Diane McKay, Le Jardin du Grand Portage*

*Carottes nantaises.*

## INTERVALLES ET PROFONDEUR

Les graines ne doivent être recouvertes que d'une très mince couche de terre d'environ la même épaisseur que la graine elle-même. Lorsque les plants de carottes sont bien visibles, on peut commencer à éclaircir les rangs, de façon que les racines puissent se développer convenablement. Laissez environ la largeur de 3 doigts (5 cm) entre 2 plants. Les gourmets seront sans doute tentés de laisser pousser les jeunes carottes un peu plus longtemps et de n'enlever les superflues que lorsque les racines sont formées et peuvent être dégustées comme des mets délicats.

## ENNEMIS SPÉCIFIQUES

Les jeunes plants sont parfois attaqués par les limaces, mais les insectes qui produisent les plus grands dégâts sont les vers blancs et les vers gris, lorsque la terre en est infestée. Il faut s'en débarrasser au moment du bêchage et en travaillant la terre régulièrement entre les rangs. Par mesure préventive, étendez

*Carottes dans les fleurs.*

un peu de cendres de bois fraîches sur le sol à intervalles réguliers et incorporez-les au sol en binant.

*Carottes chantenay.*

155

## ENTRETIEN SPÉCIFIQUE

Comme tous les légumes-racines, les carottes doivent être désherbées régulièrement pour éviter que les mauvaises herbes les privent d'éléments nutritifs et d'eau. Si vous voyez que le sommet des carottes est à l'air libre, buttez-les légèrement pour éviter que cette partie de la racine verdisse.

## EXIGENCES EN EAU

Le point à surveiller est la régularité des approvisionnements en eau. Pour être tendre, la carotte ne doit jamais en manquer.

## RÉCOLTE

La récolte de carottes se fait au fur et à mesure que l'on en a besoin. Plus elles sont récoltées jeunes, plus elles sont tendres. Les carottes que l'on veut conserver pour l'hiver doivent être arrachées au moment des premières gelées; prenez soin de couper la base des feuilles de façon à éviter les possibilités de repousse foliaire au cours de l'entreposage.

*Buttez légèrement les carottes déterrées.*

## CATÉGORIE DE LÉGUME

Il existe deux sortes de céleris: le céleri à feuilles aussi appelés céleri à côtes, et le céleri-rave qui est un légume-racine consommé râpé, en salade, et dont on ne mange pas les feuilles.

## FORMES ET COULEURS

Il existe des céleris-raves plus ou moins tardifs. Les céleris à feuilles sont plus ou moins blancs ou verts selon la variété.

## QUALITÉS DE LA TERRE

Tous les céleris sont des plantes gourmandes. Il leur faut donc un sol riche, bien travaillé et suffisamment meuble pour que les racines se développent abondamment et puissent aller chercher l'eau et les sels minéraux dont elles ont tant besoin.

## MODE DE MISE EN TERRE

Plantation de jeunes plants.

## DATE APPROXIMATIVE DE SEMIS INTÉRIEUR

Entre le 15 et le 30 mars.

## ÉPOQUE DE MISE EN TERRE AU JARDIN

La plantation a lieu à partir de la mi-mai.

## INTERVALLES ET PROFONDEUR

Les plants de céleris doivent être espacés d'environ 25 cm. On les plante à peu près à la même profondeur que dans la caissette.

*Le céleri est un légume facile à cultiver avec une toile noire. Cette toile empêche les mauvaises herbes de pousser et maintient l'humidité au sol.*

## ENNEMIS SPÉCIFIQUES

Les céleris ont peu d'ennemis. Ils sont parfois sujets à l'attaque d'une mouche.

## ENTRETIEN SPÉCIFIQUE

• *Céleri à feuilles:* la plupart des variétés doivent être blanchies pour devenir plus tendres et donc plus agréables à consommer. Le blanchiment s'obtient en plaçant les plants à l'abri de la lumière jusqu'à la récolte. Les méthodes varient. La première consiste à attacher les feuilles avec une ficelle comme un fagot. Ou bien, enveloppez le plant de céleri soit avec du **papier fort,** soit avec un vieux **pot de plastique noir** dont vous avez enlevé le fond, soit avec un morceau de **tuyau de drainage noir,** soit enfin en buttant abondamment les pieds des plants jusqu'à la moitié de leur hauteur. Cette dernière méthode a l'inconvénient de salir le légume. Quand on utilise un tuyau de drainage, on peut couvrir entièrement le plant et boucher l'extrémité, mais on peut aussi se contenter d'encercler simplement la base du plant.

*Le blanchiment du céleri peut se faire dans un pot de plastique noir de 20 ou 25 cm de diamètre, dont on a enlevé le fond.*

• *Céleri-rave:* les feuilles qui jaunissent avant la récolte doivent être éliminées de façon à permettre une meilleure formation de la racine.

## EXIGENCES EN EAU

Les céleris sont très exigeants et doivent être arrosés abondamment à la moindre alerte. Il est conseillé de former une cuvette de chaque côté du rang et de recouvrir le sol d'un paillis.

## RÉCOLTE

Le céleri à feuilles est récolté quand les feuilles sont suffisamment blanches, soit au minimum 20 jours après l'application des écrans. L'arrachage des céleris-raves doit être effectué au début d'octobre ou quand les racines sont bien développées. Secouez la racine pour faire tomber la terre, coupez les feuilles et faites sécher à l'intérieur pour pouvoir enlever tout le restant de la terre. Placez ensuite les légumes dans un endroit frais sur une épaisse couche de paille ou de feuilles mortes sèches.

*Bien désherber les rangs de céleris.*

*Page précédente:*
*Céleri-rave.*

**161**

### CATÉGORIE DE LÉGUME

Tous les choux, même les choux-fleurs, sont rangés dans la catégorie des légumes-feuilles.

### FORMES ET COULEURS

Il existe des choux verts pommés, des choux de Bruxelles, des choux de Savoie, des choux chinois, des choux-fleurs blancs et des choux-fleurs verts, des choux rouges, des choux-raves ou kohlrabi (c'est-à-dire des choux-racines) et des choux plus rares comme les choux frisés (kale).

### ENSOLEILLEMENT MINIMUM

4 à 6 heures.

### QUALITÉS DE LA TERRE

Les choux donnent les meilleurs rendements dans des terres riches, relativement fortes et argileuses, mais dont la qualité principale est de bien retenir l'eau. Les terres légères et sablonneuses produisent rarement des choux très intéressants; elles doivent être améliorées avant qu'on les y cultive. Si la terre a un pH inférieur à 6,5, il faut apporter une dose de chaux suffisante pour l'élever. Avant d'y planter des choux, il est important d'enrichir la terre avec du compost, du fumier ou, lorsque c'est possible, du purin.

### MODE DE MISE EN TERRE

Plantation de jeunes plants issus de semis intérieur.

### DATE APPROXIMATIVE DE SEMIS INTÉRIEUR

Toutes les espèces de choux peuvent être semées vers le 1er avril, sauf le chou de

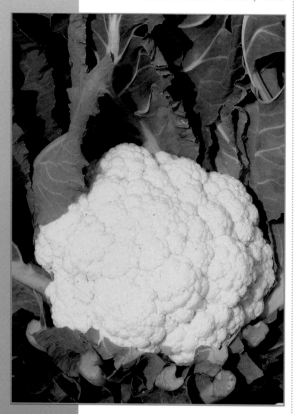

*Chou-fleur.*

Bruxelles qui doit être semé 2 à 3 semaines plus tôt.

À l'extérieur, le chou chinois peut être semé à partir de la mi-juin; semé plus tôt, il risque de monter en graines prématurément.

## ÉPOQUE DE MISE EN TERRE AU JARDIN

Les choux peuvent être plantés dès que la terre est suffisamment égouttée pour être travaillée sans coller. Les choux sont en effet résistants aux gelées printanières.

## INTERVALLES ET PROFONDEUR

Pour que les choux puissent se développer sans se gêner, il faut les espacer d'environ 40 cm. Enfoncez-les dans la terre un peu plus profondément que dans la caissette.

## ENNEMIS SPÉCIFIQUES

Le grand ennemi des choux est la piéride, petit papillon blanc qui pond des œufs et dont les larves sont des vers de couleur verte. On s'en débarrasse avec un insecticide naturel comme le B.T. *(Bacillus thuringiensis)*.

## ENTRETIEN SPÉCIFIQUE

• *Choux-fleurs:* quand la tête du chou-fleur a environ la taille d'un œuf, rabattre 3 ou 4 feuilles par-dessus la tête et les attacher. Cela permet aux choux-fleurs de blanchir et d'éviter les accidents dus au soleil et à la pluie.

*Chou de Savoie.*

Diane McKay, Le Jardin du Grand Portage

• *Choux pommés:* lorsque les choux pommés se fendent, c'est qu'ils ont absorbé trop d'eau trop rapidement, spécialement après une période de sécheresse. Assurez-vous alors de les arroser régulièrement en tenant compte de l'importance des pluies. Pour prévenir le problème, il suffit de couper quelques racines en enfonçant un couteau dans la terre le long de la tige et en surface, sur un côté ou deux de la plante.

• *Choux de Bruxelles:* les jardiniers aventureux pourront tenter de couper le bourgeon terminal de la plante pour hâter le développement des petits choux. Cette opération a lieu vers le milieu de l'été. Quelque temps avant la cueillette, il est recommandé de couper les feuilles de la base de façon à faciliter la récolte.

• *Choux-raves:* le chou-rave doit absolument être arrosé régulièrement pour ne pas manquer d'eau. Sinon, il devient ligneux et impropre à la consommation.

• *Choux chinois:* même remarque que pour le chou-rave.

• *Choux frisés:* au fur et à mesure que la plante grandit,

*Pour éviter l'éclatement des choux, il faut s'assurer que l'approvisionnement en eau est régulier.*

*Pour faciliter la cueillette des choux de Bruxelles, enlever les feuilles de la base.*

éliminez les feuilles du bas pour favoriser la croissance. Ces feuilles sont de toute façon beaucoup trop dures pour être consommées.

## EXIGENCES EN EAU

Les choux sont de grands assoiffés; ils doivent toujours avoir à leur disposition la quantité d'eau nécessaire pour ne pas perturber leur croissance.

## RÉCOLTE

Les choux sont des plantes que l'on peut récolter même après les premières gelées d'automne. Les gourmets disent même que le froid en améliore le goût. Ce qui est sûr, c'est que le fait de les récolter tardivement a un effet bénéfique sur la conservation.

• *Choux pommés:* coupez la pomme en laissant sur place les feuilles de la base qui seront ensuite jetées au compost ou enfouies dans le jardin si elles ne sont pas malades.

• *Choux-fleurs:* le chou-fleur doit être récolté quand la tête a atteint sa grosseur maximum

et avant que les inflorescences ne se séparent. La tête doit être très compacte.

• *Choux chinois:* la récolte a lieu lorsque le chou est encore très ferme et très compact, mais avant les grandes gelées.

• *Choux de Bruxelles:* la récolte commence par le bas de la tige, au fur et à mesure que les petits choux ont atteint la grosseur souhaitée.

Chou rouge.

Chou-rave ou kohlrabi.

*Page précédente:*
*Kale.*
*Diane McKay,* Le Jardin du Grand Portage

## CATÉGORIE DE LÉGUME

Fruit.

## FORMES ET COULEURS

Il existe des citrouilles de toutes les dimensions, des minis jusqu'aux géantes pouvant peser plus de 300 kg.

## ENSOLEILLEMENT MINIMUM

Le plein soleil toute la journée.

## QUALITÉS DE LA TERRE

Terre consistante, plus ou moins argileuse. Les terres légères et sablonneuses doivent être améliorées pour pouvoir contenir toute l'eau nécessaire à la croissance des plants et des fruits. Chaque année, avant de cultiver des citrouilles, étendez du fumier de bovin sur une épaisseur de 2 à 3 cm avant de bêcher.

Une façon très productive de cultiver toutes les plantes rampantes comme la citrouille, le melon, le concombre et la courge consiste à installer les plants dans une couche de terre de 15 cm d'épaisseur, que l'on a étendue au-dessus d'une tranchée d'environ 30 cm de profondeur remplie de fumier ou de compost.

## MODE DE MISE EN TERRE

Plantation de semis préparés à l'intérieur.

## DATE APPROXIMATIVE DE SEMIS INTÉRIEUR

Entre le 15 et le 30 avril. Les jardiniers aventureux pourront tenter de faire des semis directement à l'extérieur après tout risque de gel, mais il n'est pas garanti que les fruits arriveront à maturité.

*Semez 2 ou 3 graines de citrouille dans des pots de terre cuite de 10 cm. Avant de remplir les pots de terre, couvrez le trou de drainage avec une petite pierre plate. Lorsque les plants sont prêts à mettre au jardin, humectez la terre puis poussez la petite pierre avec un doigt à travers le trou, et la motte sortira tout entière sans se défaire. Si elle se défaisait, la reprise au jardin serait compromise et la culture beaucoup plus ardue.*

*Maintenez les tiges au sol avec un crochet de bois profondément enfoncé.*

### ÉPOQUE DE MISE EN TERRE AU JARDIN

Dès la fin des risques de gel.

### INTERVALLES ET PROFONDEUR

Il n'est absolument pas recommandé de planter les citrouilles sur des buttes. On espace les plants normaux de 2 à 3 m, les plants de citrouilles géantes de 5 à 10 m.

### ENNEMIS SPÉCIFIQUES

Les citrouilles n'ont pas d'ennemis suffisamment importants pour mettre en péril la croissance et la récolte.

### ENTRETIEN SPÉCIFIQUE

Pour augmenter l'alimentation des fruits en sels minéraux et en eau, on maintient les tiges au sol et on les enterre légèrement au niveau de l'intersection avec les feuilles. On tient la tige en place à l'aide de petits crochets de bois enfoncés dans le sol. Il se forme à ce niveau des petites racines nourricières.

### EXIGENCES EN EAU

Il faut arroser dès que les feuilles ramollissent un peu.

Ménagez une cuvette autour de chaque plant et recouvrez le sol d'un épais paillis de gazon séché, qui aura l'avantage supplémentaire de protéger les fruits contre la pourriture qui pourrait les attaquer s'ils étaient en contact direct avec la terre. Pour éviter un flétrissement trop rapide des plants, installez-les à l'abri du vent.

## RÉCOLTE

Si on annonce du gel avant la récolte des citrouilles, protégez-les avec une toile géotextile. Ce conseil est principalement valable pour les citrouilles géantes. Au moment de récolter, coupez la tige au sécateur, 5 cm au-dessus du fruit.

*Si l'on dispose d'un tas de compost en arrière d'une pergola, on peut se servir de la citrouille pour ombrager le lieu de repos. On sème les plants de citrouilles directement dans le compost. Un des avantages de cultiver les citrouilles sur la pergola, c'est qu'elles restent très propres et ne risquent pas la pourriture.*
**Ginette Gingras**

### CATÉGORIE DE LÉGUME

Fruit.

### FORMES ET COULEURS

Il existe des concombres dits américains et des concombres beaucoup plus longs dits anglais. Ces derniers n'ont généralement pas de graines et sont beaucoup plus faciles à digérer que les autres. Certaines variétés de cornichons sont une race de concombres que l'on récolte jeunes pour les mettre en marinade; d'autres variétés sont cultivées spécifiquement comme cornichons.

### ENSOLEILLEMENT MINIMUM

Le plein soleil toute la journée.

### QUALITÉS DE LA TERRE

Terre consistante, plus ou moins argileuse. Les terres légères et sablonneuses doivent être améliorées pour pouvoir contenir toute l'eau nécessaire à la croissance des plants. Chaque année, étendre du fumier de bovin sur une épaisseur de 2 à 3 cm avant de bêcher. Une façon très productive de produire toutes les plantes rampantes comme la citrouille, le melon, le concombre et la courge consiste à installer les plants dans une couche de terre de 15 cm d'épaisseur, que l'on a étendue au-dessus d'une tranchée d'environ 30 cm de profondeur remplie de fumier ou de compost.

### MODE DE MISE EN TERRE

Semis direct ou plantation de plants semés à l'intérieur.

### DATE APPROXIMATIVE DE SEMIS

À l'intérieur, on sème en pots individuels entre le 15 et le

*Concombre américain.*

30 avril. À l'extérieur, on sème à la fin de mai ou au début de juin quand la terre est réchauffée.

## POUR VOUS FACILITER LA TÂCHE

*Semez 2 ou 3 graines de concombre dans des pots de terre cuite de 10 cm. Avant de remplir les pots de terre, couvrez le trou de drainage avec une petite pierre plate. Lorsque les plants sont prêts à mettre au jardin, humectez la terre puis poussez la petite pierre avec un doigt à travers le trou, et la motte sortira tout entière sans se défaire. Si elle se défaisait, la reprise au jardin serait compromise et la culture beaucoup plus ardue.*

### ÉPOQUE DE MISE EN TERRE AU JARDIN

Les plants qui ont été semés à l'intérieur sont transplantés au début de juin.

### INTERVALLES ET PROFONDEUR

Les plants qui proviennent de semis intérieurs sont espacés d'environ 1 m. Lorsque l'on sème directement à l'extérieur, l'intervalle est le même; les graines sont placées à 2 cm

*Les concombres sont des plantes grimpantes qui peuvent atteindre, dans les meilleures conditions, près de 3 m de hauteur. Les treillis constituent pour eux un excellent support.*
**Nadine Leclair**

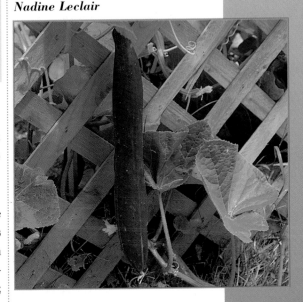

*Concombre anglais.*

173

*Dès que les plants sont bien instal-
lés au jardin, ménagez une cuvette
tout autour pour pouvoir leur
donner toute l'eau dont ils sont
très gourmands.*

*Le blanc qui s'attaque parfois aux
feuilles peut être traité avec un
produit à base de soufre.*

de profondeur. On met 5 à 6
graines par trou pour ne laisser ensuite pousser que les 2
plants les plus forts. Il existe
une autre façon de semer à
l'extérieur: on espace les graines de 20 cm sur une ligne; on
éclaircit par la suite.

## ENNEMIS SPÉCIFIQUES

Dans la pratique, peu d'insectes s'attaquent au concombre.
Par contre, les plants sont parfois atteints d'une maladie
qu'on appelle «le blanc». On
s'en débarrasse avec des produits à base de soufre.

## ENTRETIEN SPÉCIFIQUE

La taille des concombres n'est
pas obligatoire, contrairement
aux melons, mais elle est
conseillée pour accélérer l'apparition des fleurs femelles sur
les variétés ordinaires. Coupez
l'extrémité des tiges principales au-dessus de la cin-
quième feuille lorsque la
sixième ou la septième feuille
sont formées.

Sur les variétés dites **gynoï-
ques**, les fleurs mâles et les
fleurs femelles poussent sur des
plants séparés. Les sachets de
graines contiennent les 2 sexes,
plus de mâles que de femelles

bien entendu. La taille est alors complètement inutile.

D'habitude, on cultive le concombre directement sur le sol comme plante rampante. Cependant, pour les espèces longues de type anglais, il est recommandé de faire grimper les plants sur un treillis, une clôture ou un réseau de ficelles tendues entre 2 piquets. Lorsqu'on se sert du concombre comme plante couvre-sol aux pieds du tournesol et du maïs, les plants peuvent s'agripper à leurs compagnes.

### EXIGENCES EN EAU

Il faut arroser dès que les feuilles ramollissent un peu. Ménagez une cuvette autour de chaque plant et recouvrez le sol d'un épais paillis de gazon séché, qui aura l'avantage supplémentaire de protéger les fruits contre la pourriture qui pourrait les attaquer au contact de la terre.

### RÉCOLTE

On récolte les cornichons quand ils ont atteint la grosseur souhaitée. Les concombres doivent être récoltés avant qu'ils commencent à jaunir.

*Les clôtures en mailles de métal sont de très bons supports pour les concombres.*

*Concombres et maïs s'entendent très bien au jardin, autant sur le plan de la culture que sur le plan esthétique, mais une telle culture demande des arrosages fréquents et copieux.*

175

**CATÉGORIE DE LÉGUME**

Fruit.

**FORMES ET COULEURS**

Il existe 2 catégories de courges. On peut consommer les **courges d'été** jeunes comme **courgettes**. On peut aussi les laisser grossir jusqu'à maturité, mais en général on ne les laisse pas jaunir: on les consomme vertes. Les courges d'été ont une forme allongée et le vert de leur peau varie du très clair au très foncé selon la variété.

Les **courges d'hiver** sont des fruits plutôt globuleux, plus ou moins côtelés, de couleur vert très foncé ou jaunâtre, parfois même en forme de poire.

Les **courges spaghettis** sont du type courge d'été tandis que les **courges décoratives**, coloquintes et compagnie, sont du type courge d'hiver.

**ENSOLEILLEMENT MINIMUM**

Le plein soleil toute la journée.

**QUALITÉS DE LA TERRE**

Terre consistante, plus ou moins argileuse. Les terres légères et sablonneuses doivent être améliorées pour pouvoir contenir toute l'eau nécessaire à la croissance des plants et des fruits. Chaque année, étendre du fumier de bovin sur une épaisseur de 2 à 3 cm avant de bêcher.

Une façon très productive de cultiver toutes les plantes rampantes comme la citrouille, le melon, le concombre et la courge consiste à installer les plants dans

*Les plants de courges sont très décoratifs.*

une couche de terre de 15 cm d'épaisseur, que l'on a étendue au-dessus d'une tranchée d'environ 30 cm de profondeur remplie de fumier ou de compost.

**MODE DE MISE EN TERRE**

Semis direct ou plantation de jeunes semis démarrés à l'intérieur.

**DATE APPROXIMATIVE DE SEMIS INTÉRIEUR**

Entre le 15 et le 30 avril.

*Courge verte, prête à cueillir.*

## POUR VOUS FACILITER LA TÂCHE

*Semez 2 ou 3 graines de courge dans des pots de terre cuite de 10 cm. Avant de remplir les pots de terre, couvrez le trou de drainage avec une petite pierre plate. Lorsque les plants sont prêts à mettre au jardin, humectez la terre puis poussez la petite pierre avec un doigt à travers le trou, et la motte sortira tout entière sans se défaire. Si elle se défaisait, la reprise au jardin serait compromise et la culture beaucoup plus ardue.*

*Courge mûre.*

*Courgettes vertes.*

*Courgettes jaunes.*

## ÉPOQUE DE MISE EN TERRE AU JARDIN

Les semis extérieurs ou la plantation de jeunes semis se fait à la fin de mai ou au début de juin, lorsque la terre est réchauffée.

## INTERVALLES ET PROFONDEUR

Les courges dont les tiges rampent sur le sol sont appelées des plantes **coureuses.** L'intervalle entre ces plants doit être de 1 à 2 m. Pour les autres variétés, à tiges dites **non coureuses,** l'intervalle se limite à 1 m. Quand on fait des semis directement au jardin, on recouvre légèrement les graines de terre que l'on tasse sans forcer.

## ENNEMIS SPÉCIFIQUES

Les courges ont peu d'ennemis susceptibles de compromettre la récolte.

## ENTRETIEN SPÉCIFIQUE

Tailler les courges n'est pas nécessaire, mais si on coupe l'extrémité des tiges principales lorsqu'elles ont 4 à 5 feuilles, on favorise la croissance de tiges latérales, donc on multiplie le nombre de fruits. Lorsque l'on veut obtenir des gros fruits, il est recommandé de n'en garder qu'un seul par tige latérale. Lorsque le fruit est bien formé, on coupe l'extrémité de la tige et on élimine toute tige secondaire qui pourrait se développer par la suite.

### EXIGENCES EN EAU

Il faut arroser dès que les feuilles ramollissent un peu. Ménagez une cuvette autour de chaque plant et recouvrez le sol d'un bon paillis de gazon séché, qui aura l'avantage supplémentaire de protéger les fruits contre la pourriture qui pourrait les attaquer au contact direct avec la terre.

### RÉCOLTE

La plupart des courges se récoltent quand leur peau est encore verte ou de la couleur qu'elles ont pendant la croissance. Par contre, les courges décoratives se récoltent à maturité.

*Courge spaghetti.*

*Courges décoratives.*

179

# ÉPINARD ET TÉTRAGONE

**CATÉGORIE DE LÉGUME**

Feuille.

**FORMES ET COULEURS**

Selon les variétés, le feuillage est plus ou moins gaufré, plus ou moins lisse. La couleur verte varie aussi selon les variétés.

**ENSOLEILLEMENT MINIMUM**

4 à 6 heures. Comparativement à la tétragone, l'épinard craint les fortes chaleurs. Il est donc recommandé de le planter de façon qu'il reçoive un peu d'ombre au cours des heures les plus chaudes de la journée.

**QUALITÉS DE LA TERRE**

Les épinards ont besoin d'une terre bêchée profondément, bien ameublie, qui retient suffisamment d'eau, donc riche et consistante. Les tétragones peuvent même être semées directement dans un tas de compost.

**MODE DE MISE EN TERRE**

Semis direct.

**DATE APPROXIMATIVE DE SEMIS EXTÉRIEUR**

Une dizaine de jours avant la fin officielle des gelées printanières ou en automne.

**ÉPOQUE DE MISE EN TERRE AU JARDIN**

• *Épinard:* on peut pratiquer la méthode des semis successifs jusque vers la fin de mai. Des graines semées plus tard pourraient ne pas pousser normalement à cause de la chaleur. On peut recommencer à semer vers la mi-août pour obtenir une récolte tardive. L'épinard

*Épinard.*

semé à la fin de l'automne germera tôt au printemps, parfois même avant que la neige ait fini de fondre.

• *Tétragone:* on peut pratiquer les semis successifs jusqu'à la fin de juin.

## INTERVALLES ET PROFONDEUR

• *Épinard:* semer en rangs distants de 30 cm. Si les semis sont très denses, éclaircir de manière à ne garder qu'une plante tous les 10 à 20 cm.

• *Tétragone:* espacer les plants de 80 cm à 1 m.

Autant pour l'épinard que pour la tétragone, les graines doivent être recouvertes d'environ 5 mm de terre fine.

## ENNEMIS SPÉCIFIQUES

Attention aux limaces.

## ENTRETIEN SPÉCIFIQUE

Il est important de biner régulièrement aussi bien pour détruire les mauvaises herbes que pour ameublir la terre. On peut étendre un paillis pour garder le sol frais et humide.

## EXIGENCES EN EAU

Les épinards et les tétragones ne doivent jamais manquer d'eau.

## RÉCOLTE

La plupart du temps, on récolte les feuilles une à une, au fur et à mesure qu'elles atteignent leur dimension adulte. Chez l'épinard, on peut également récolter la plante entière avant les grandes chaleurs de l'été.

*Compagnes des légumes dans notre assiette, les fines herbes le sont aussi au potager, même si elles ont leur place partout dans l'aménagement. En effet, elles ont toutes un petit côté décoratif, ne serait-ce que par la couleur de leur feuillage qui contraste avec la couleur des fleurs. Elles sont faciles à cultiver, faciles à conserver, même à l'état frais, en hiver, et jouent un rôle majeur dans la technique du compagnonnage.*

### ENSOLEILLEMENT MINIMUM

Au moins 4 à 6 heures de soleil par jour.

*Basilic vert.*

### QUALITÉ DE LA TERRE

Elles poussent dans tous les sols **aérés** et suffisamment **consistants** pour retenir l'eau, dont elles sont très gourmandes. Enfouissez une bonne dose de compost ou de fumier au moment du bêchage.

### À ÉVITER

*Pendant l'été, refrénez vos envies de fertiliser. Une bonne dose d'engrais stimule la croissance, mais diminue les qualités aromatiques des fines herbes.*

### CULTURE DES ANNUELLES

#### Les espèces

Aneth, basilic vert ou pourpre, à feuilles plates ou frisées, bourrache, cerfeuil, coriandre, fenouil, origan vert ou doré, persil plat ou frisé, romarin (un arbuste) et sarriette.

### La technique

Les fines herbes annuelles se cultivent tous les ans à partir de la **graine**. Semez tôt au printemps, dès que la terre peut être travaillée. Espacez les graines de 10 à 15 cm. Quand les plants ont 5 cm de hauteur, enlevez les superflus: gardez-en seulement un tous les 30 cm. Si désiré, répétez les semis jusqu'à la fin de juillet.

## CULTURE DES VIVACES

### Les espèces

Ciboulette ordinaire ou à l'ail, estragon, marjolaine verte ou panachée, menthe ordinaire, à l'ananas, à l'orange ou poivrée, sauge verte, pourpre ou tricolore, thym anglais, français, argenté, ou au citron.

### La technique

Les fines herbes vivaces passent l'hiver dehors. Elles prennent de l'expansion chaque année et il faut parfois **réduire leur développement.** Vous pouvez les semer ou transplanter les espèces vendues en pots. Si vous semez, faites-le tôt au printemps, dès que la terre peut être travaillée sans coller aux outils.

*Ciboulette.*

*Ciboulette à l'ail.*

183

*Basilic 'Purple Ruffle'.*

*Basilic pourpre.*

Si vous plantez, faites-le 2 ou 3 semaines avant la fin officielle des gelées printanières ou n'importe quand au cours de l'été.

Quelle que soit la méthode, espacez les plants de **30 cm.** Tous les 3 ou 4 ans, rajeunissez la plantation de la façon suivante:

• à la fin d'août, arrachez les touffes;

• avec un couteau tranchant, divisez-les en une dizaine de plants;

• plantez les jeunes plants à un autre endroit ou au même endroit après l'avoir enrichi en compost.

### RÉCOLTE

On peut récolter les fines herbes toute la saison, à mesure qu'on en a besoin. Pour la conservation, récoltez de préférence avant la floraison. Les meilleures parties sont les feuilles du tiers supérieur des tiges, mais si l'on consomme les feuilles au fur et à mesure de la croissance, elles seront toujours tendres.

### CONSERVATION

Il existe plusieurs méthodes de conservation des fines

184

herbes. Dans tous les cas, il faut d'abord **laver** les feuilles et les mettre à **sécher** sur du papier absorbant.

### La congélation

Faites des petits paquets de feuilles et enveloppez-les hermétiquement dans du **plastique**. Attachez à chaque paquet une feuille de papier sur laquelle vous en indiquez le contenu. Mettez au congélateur.

### À l'air libre

Placez 8 à 10 tiges lavées dans un grand **sac brun** percé d'une douzaine de trous. Suspendez les sacs pendant 2 semaines dans une pièce chaude.

Conservez les feuilles entières dans des **flacons hermétiques.**

### Au four

Étalez les feuilles sur une plaque, sans les tiges.

Réglez le four à **50 °C**, laissez la porte entrouverte et faites sécher pendant environ 3 heures.

Conservez les feuilles entières dans des **flacons hermétiques.**

*Basilic boule.*

*Cerfeuil.*

Diane McKay, Le Jardin du Grand Portage

185

*Coriandre.*

*Fenouil.*

### Au micro-ondes

Placez les tiges fraîches sur du papier absorbant.

Réglez le four à **chaleur moyenne**, pendant 2 minutes. Si le séchage n'est pas parfait, remettez le four en marche 30 secondes à la fois.

Conservez les feuilles et les tiges dans des **flacons hermétiques**.

## POUR DES HERBES FRAÎCHES EN HIVER

### Les vivaces

N'attendez pas pour rentrer vos fines herbes vivaces qu'elles soient réduites en cristaux croquants ou en marmelade de cristaux fondus. Dès la mi-septembre, courez vite leur rendre une courtoise visite... avec un vieux couteau tranchant. Il ne s'agit pas là de commettre un «finherbocide» à l'arme blanche. Bien au contraire. Déployez votre sourire le plus aimable, penchez-vous sur les restes automnaux de l'herbe que vous convoitez et dites-lui gentiment que ça ne lui fera pas mal.

Découpez la motte de racines en **sections d'environ 5 cm**

de diamètre. Si le sol a commencé à geler, il se peut que vous deviez forcer un peu pour extraire les nouveaux plants.

Installez votre nouvelle pensionnaire dans un pot de 15 cm de diamètre, rempli d'un banal terreau de rempotage commercial ou d'un mélange dynamite, du genre: $1/3$ de terre sablonneuse, $1/3$ de compost et $1/3$ divisé, à parts égales, entre tourbe de sphaigne et vermiculite. N'oubliez pas d'arroser.

Laissez les plantes dehors pendant quelques semaines, histoire de leur faire prendre le **froid** qui leur fera croire qu'elles vont enfin pouvoir se reposer. Si les feuilles gèlent, ce n'est pas grave.

En fait, une période de froid, aussi courte que 2 à 4 semaines, sera bénéfique à leur croissance à l'intérieur. Les plantes auront alors eu la chance de se reposer avant de subir vos désirs intempestifs et gourmands de les forcer à pousser à une période où, d'habitude, on leur fiche la paix.

*Marjolaine.*

*Origan doré.*

*Persil frisé.*

*Persil italien.*

## Les annuelles

Si les fines herbes annuelles ont eu la cellulose ratatinée par le gel, elles sont devenues candidates au compost. Jetez-les, tout simplement.

Vous pourriez essayer de les rentrer en pots vers la mi-septembre. Elles produiraient peut-être pendant quelque temps, mais vous vous rendriez vite compte qu'elles sont fatiguées de leur effort estival et ne cherchent qu'à rejoindre leurs ancêtres dans le repos éternel.

Alors, au lieu de vous heurter à l'inévitable, procurez-vous quelques graines des espèces qui ravissent fougueusement vos papilles et semez-en 2 ou 3 dans des **pots de 10 cm** de diamètre, remplis du même mélange que pour les vivaces. Une seule espèce par pot pour faciliter l'entretien et la récolte. Munissez-vous de grandes **soucoupes**, car les plants, une fois adultes, boivent énormément.

## Une belle présentation

Évidemment, les jardiniers qui ont choisi une fois pour

toutes de se simplifier la tâche peuvent laisser les pots, comme ça, bêtement, sur le rebord d'une fenêtre orientée au sud ou à l'est. Les autres, ceux qui cherchent à impressionner leurs visiteurs préféreront sans doute voir leur future récolte s'épanouir dans une magnifique **boîte à fleurs** intérieure en céramique. Pas de problème.

Une mise en garde cependant. Il vaut mieux au préalable cultiver les fines herbes en pots pour leur permettre de prendre des forces, quitte à marcher temporairement sur son perfectionnisme. Les plantes développeront ainsi une bonne quantité de **racines** qui leur donneront l'énergie nécessaire pour remplir par la suite leur rôle délicieusement ingrat de faire-valoir.

*Diane McKey, Le Jardin du Grand Portage*

*Thym.*

*Diane McKey, Le Jardin du Grand Portage*

*Sarriette.*

# GOURGANE

*Les informations qui suivent sont fournies avec l'aimable collaboration d'un expert en la matière:* **Denis Legault,** *de Légunord, à Saint-Gédéon.*

### CATÉGORIE DE LÉGUME

Graine.

### FORMES ET COULEURS

La gourgane s'appelle aussi fève des marais. Il en existe des variétés plus ou moins hâtives. Elles n'ont pas toutes la même grosseur de gousses et de graines.

### ENSOLEILLEMENT MINIMUM

8 heures.

### QUALITÉS DE LA TERRE

La gourgane a une préférence marquée pour les sols frais, légèrement argileux, suffisamment consistants et moelleux pour maintenir une humidité constante.

### MODE DE MISE EN TERRE

Semis direct.

### DATE APPROXIMATIVE DE SEMIS EXTÉRIEUR

Dès que la terre peut être travaillée sans coller aux outils.

### INTERVALLES ET PROFONDEUR

Il y a 2 façons de semer la gourgane:

• en rangs espacés de 80 cm, semez les graines à 3 ou 4 cm de profondeur en laissant 20 cm d'intervalle;

• faites un trou de 5 cm de profondeur tous les 30 cm et déposez 3 graines par trou; recouvrez ensuite les graines de 2 ou 3 cm de terre.

### ENNEMIS SPÉCIFIQUES

Les pucerons sont très friands des jeunes tiges de gourganes. Quand ils s'attaquent à leur

extrémité, coupez carrément
le bourgeon terminal avec des
ciseaux ou un sécateur. En cas
d'attaque plus féroce, traitez
la plantation avec un insecticide naturel.

### ENTRETIEN SPÉCIFIQUE

Il faut maintenir le sol
propre et meuble. Buttez légèrement les plants lorsqu'ils
atteignent 20 cm de hauteur.
Attention cependant de ne pas
mettre les racines à nu.

Bien que la technique ne soit
pas très répandue, on peut
tailler l'extrémité de la tige
principale lorsque les plantes atteignent 40 cm de hauteur. Cette opération favorise
le grossissement des gousses
et permet de lutter efficace-
ment contre les pucerons.

### EXIGENCES EN EAU

Il est conseillé de ne pas arroser au moment du semis. Il
vaut mieux semer lorsque la
terre est un peu humide. En
cours de culture, n'arrosez
que lorsque la période de
sécheresse est longue. La gourgane craint les excès d'eau et,
dans les terrains qui restent
très humides, peut développer
des maladies fongiques.

### RÉCOLTE

La récolte a lieu ou bien
lorsque les gousses sont
encore vertes, mais que les
graines à l'intérieur parais-
sent bien formées, ou bien
quand les gousses noir-
cissent et sèchent.

# HARICOT

## CATÉGORIE DE LÉGUME

Bien que ce soit la gousse que l'on consomme, le haricot fait partie des légumes-graines.

## FORMES ET COULEURS

Il existe des haricots nains verts, des jaunes, des rouge bourgogne et des vert pâle striés de rouge. Les haricots grimpants, appelés aussi haricots à rames, portent des fruits verts ou jaunes, selon la variété. Le haricot d'Espagne, une espèce de haricot grimpant, est une plante très décorative à cause de ses fleurs rouges; ses gousses sont excellentes lorsqu'elles sont consommées jeunes.

## ENSOLEILLEMENT MINIMUM

8 heures. Les rangs de haricots grimpants devraient être orientés nord-sud de façon à recevoir tout le soleil dont ils ont besoin.

## QUALITÉS DE LA TERRE

Les haricots ne sont pas très difficiles. Ils poussent dans tout bon sol bien travaillé, contenant une bonne dose de matière organique mais pas trop. Dans les terres lourdes, très argileuses, les graines risquent de pourrir avant de germer. Il convient donc d'améliorer ces terres avant de commencer toute culture.

## MODE DE MISE EN TERRE

Semis direct.

## DATE APPROXIMATIVE DE SEMIS EXTÉRIEUR

À la fin officielle des risques de gelées printanières. On peut pratiquer des semis successifs jusqu'au début de juillet.

*Haricots jaunes.*

## INTERVALLES ET PROFONDEUR

• *Haricots nains:* faites un trou de 5 cm de profondeur tous les 40 cm environ. Déposez 4 à 6 graines dans le fond du trou et recouvrez les graines d'une très mince couche de terre. Il existe en effet un dicton selon lequel «Haricot semé doit voir partir le jardinier.» On pourrait changer la phrase et dire que lorsqu'il a semé ses haricots, le jardinier doit pouvoir presque les voir sous la couche de terre. Cette précaution a pour but de prévenir la pourriture des graines.

• *Haricots grimpants:* on peut les faire grimper soit sur des branches disposées en forme de tipi indien, soit sur des ficelles que l'on a tendues entre des piquets. On peut également se servir d'une vieille clôture ou d'un treillis, mais le nettoyage à la fin de la saison risque d'être fastidieux. Dans le premier cas: faites un trou de 5 cm de profondeur au pied de chaque branche et semez 4 à 5 graines par trou. Dans le deuxième cas, les rangs doivent être séparés d'environ 80 cm et les

*Haricots grimpants.*

petits trous contenant les graines peuvent être répartis tous les 30 cm.

## POUR VOUS FACILITER LA TÂCHE

*Pour activer la germination des graines, faites-les tremper pendant la nuit qui précède le semis.*

## ENNEMIS SPÉCIFIQUES

Il est rare que la culture soit compromise par de quelconques parasites. Il arrive cependant que les haricots soient la cible des pucerons et des limaces. Détruisez-les avec des moyens naturels.

## Entretien spécifique

Ne laissez pas de mauvaises herbes au pied des plants. Lorsque ceux-ci atteignent 20 cm de hauteur, buttez légèrement de façon à conserver une bonne humidité et à provoquer la croissance de racines sur les tiges. Ces nouvelles racines augmenteront l'alimentation des plants en eau et en éléments minéraux.

## Exigences en eau

Arrosez régulièrement pour vous assurer que les plants ne manquent pas d'eau. Évitez de mouiller les tiges et les feuilles.

## Récolte

La récolte se fait par temps sec, quand les haricots sont fins, autrement dit avant que les graines ne prennent trop d'importance à l'intérieur des gousses. Une récolte tardive produit des haricots ligneux, difficiles à manger. C'est quand ils sont jeunes et croquants que les haricots sont les meilleurs, crus ou cuits. On peut laisser quelques gousses parvenir à maturité pour obtenir des graines.

*Haricots verts.*

*Haricots rouges.*

## CATÉGORIE DE LÉGUME

Feuille.

## FORMES ET COULEURS

Il existe 4 grandes catégories de laitues.

• *La laitue frisée:* dans cette catégorie, on retrouve des variétés à feuillage vert, à feuillage rouge foncé, à feuillage vert et rose, à feuilles de chêne vertes et à feuilles de chêne rouges.

*Laitue Boston verte.*

• *La laitue pommée iceberg:* les variétés de cette sorte de laitue ont une pomme très compacte et un cœur presque blanc.

• *La laitue pommée Boston:* cette laitue est beaucoup moins compacte que la laitue pommée iceberg. Il existe des variétés à feuillage vert, d'autres à feuillage doré et d'autres à feuillage vert et rose.

• *La laitue romaine:* c'est une espèce à feuilles longues, détachées et croquantes.

## MISE EN GARDE

*Les variétés à feuilles vertes montent beaucoup plus rapidement en graines que les variétés à feuilles rouges, exception faite de la laitue romaine.*

## ENSOLEILLEMENT MINIMUM

4 à 6 heures.

## QUALITÉS DE LA TERRE

Les laitues s'adaptent à tous les sols, mais elles produisent des feuilles d'autant plus tendres que la terre est riche en humus, donc enrichie régulièrement en compost et en fumier.

## MODE DE MISE EN TERRE

Semis direct ou plantation de plants issus de semis intérieur.

## DATE APPROXIMATIVE DE SEMIS

- *À l'intérieur:* 15 avril.
- *À l'extérieur:* 10 jours avant la fin officielle des gelées printanières ou en automne.

La laitue est un légume que l'on peut facilement cultiver selon la méthode des semis successifs. Ces semis peuvent avoir lieu jusqu'au début de juillet.

## ÉPOQUE DE MISE EN TERRE AU JARDIN

Les jeunes semis sont transplantés dès le début du mois de mai.

*Jeunes semis d'automne, au printemps.*

## MISE EN GARDE

Autant pour la transplantation que pour les semis, la terre doit être fine, sans mottes ni cailloux. Lorsqu'on repique des laitues, il ne faut pas enterrer le cœur sinon la plante se développe mal et pourrit.

## INTERVALLES ET PROFONDEUR

Quand les plants ont 5 à 6 cm de hauteur, éclaircissez-les de façon à ne pas en laisser

*Laitue frisée rouge.*

*Laitue frisée rose.*

*Laitue frisée verte.*

plus d'un tous les 20 cm. Les plants superflus peuvent être transplantés ailleurs au jardin ou consommés en salade comme mets fins.

## MISE EN GARDE

*Si la transplantation ne peut pas avoir lieu rapidement après l'éclaircissage, placez les plants superflus dans un sac en plastique, dans lequel vous mettrez un peu d'eau. Placez le tout au réfrigérateur.*

### ENNEMIS SPÉCIFIQUES

Bien que les vers blancs et les vers gris puissent faire des dégâts dans les laitues, ce sont les limaces qui en font la plus grande consommation.

### ENTRETIEN SPÉCIFIQUE

Les spécialistes du **compagnonnage** ont découvert que les épinards et les laitues ne faisaient pas bon ménage lorsqu'ils étaient plantés côte à côte. Par contre, la laitue est excellente à cultiver entre les rangs de plantes à croissance plus lente: tomate, aubergine, chou, poivron, artichaut, asperge.

Par grande chaleur, les laitues **montent facilement en graines.** Il est relativement difficile de remédier à ce problème, mais on peut en retarder l'échéance par 2 méthodes:

• couvrir le sol d'un paillis pour maintenir une température fraîche au niveau des racines;

• après une pluie chaude d'orage, arrosez abondamment à l'eau froide.

### EXIGENCES EN EAU

Les laitues boivent beaucoup. Elles ne doivent jamais manquer d'eau. Par grosse chaleur, l'arrosage peut être quotidien.

### RÉCOLTE

Les laitues pommées «Iceberg» se récoltent quand la pomme est dure et bien formée. On coupe les laitues pommées Boston quand la pomme est bien remplie, mais elle ne sera jamais aussi dure que la iceberg. Lorsqu'elles commencent à produire, on peut récolter quelques feuilles sur les laitues à feuilles; lorsque les feuilles sont suffisamment nombreuses, on cueille la plante au complet.

*Laitue romaine.*

*Laitue à feuilles de chêne vertes.*

199

# MAÏS SUCRÉ

**CATÉGORIE DE LÉGUME**

Graine (graminée).

**FORMES ET COULEURS**

Il existe un grand nombre de variétés à grains jaunes, à grains blancs et bicolores. Le maïs qui sert à faire le maïs soufflé se cultive comme le maïs sucré, mais les épis sont plus petits.

**ENSOLEILLEMENT MINIMUM**

8 à 10 heures.

**QUALITÉS DE LA TERRE**

Le maïs a besoin d'une terre riche qui retient bien l'humidité. Il est déconseillé de le cultiver dans une terre sablonneuse à moins de l'avoir abondamment enrichie au préalable.

**MODE DE MISE EN TERRE**

Semis direct.

**DATE APPROXIMATIVE DE SEMIS EXTÉRIEUR**

Il est préférable que la terre soit légèrement réchauffée; on sèmera donc vers la fin de mai ou au début de juin.

**INTERVALLES ET PROFONDEUR**

Faites des trous de 5 cm de profondeur à environ 40 cm de distance. Semez 3 graines par trou et recouvrez-les de 2 à 3 cm de terre fine. Pour obtenir une fécondation optimale, il est recommandé de semer au moins 3 rangées côte à côte, espacées de 50 cm. Si le nombre de plants n'est pas assez élevé, la fécondation sera incomplète et les épis ne seront pas pleins. Quand les plants atteignent 10 cm de hauteur, n'en gardez qu'un seul par groupe: le plus fort.

### Ennemis spécifiques

Contre la pyrale ou les pucerons, utilisez des produits naturels, mais seulement lorsque les insectes sont visibles.

### Entretien spécifique

Le maïs est considéré comme une culture nettoyante parce qu'il est très sensible à la concurrence des mauvaises herbes pour la consommation d'eau. Il est donc important de désherber régulièrement. L'apport d'un paillis de gazon séché peut contribuer à prévenir l'apparition de mauvaises herbes.

### Exigences en eau

Le maïs est sans doute la plante la plus exigeante en eau. On estime à 500 litres la quantité d'eau nécessaire pour produire 1 kg de grains.

### Récolte

Les épis sont récoltés alors que les grains sont encore un peu mous et qu'il en sort un liquide laiteux sous la pression du doigt. Les variétés utilisées pour faire du maïs soufflé sont récoltées à maturité complète, lorsque le grain est dur.

## CATÉGORIE DE LÉGUME

Légume-racine de la même famille que le chou et le radis.

## FORMES ET COULEURS

Il existe des navets blancs, des navets jaunes et des navets blancs à collet violacé (ce sont les plus communs).

## ENSOLEILLEMENT MINIMUM

6 à 8 heures.

## QUALITÉS DE LA TERRE

Le navet se comporte très bien dans les sols qui gardent leur humidité et leur fraîcheur. Les terres légèrement argileuses ou les terres sablonneuses consistantes sont les meilleures. On apporte une bonne quantité de fumier au moment du bêchage.

## MODE DE MISE EN TERRE

Le navet est de croissance rapide; on peut donc le semer directement au jardin.

## DATE APPROXIMATIVE DE SEMIS EXTÉRIEUR

Le semis de printemps a lieu au dégel, mais on peut aussi semer le navet à l'automne, avant que le sol commence à geler. Grâce à sa rapidité de croissance, le navet peut être semé par semis successifs jusqu'en août ou faire partie de cultures intercalaires.

## INTERVALLES ET PROFONDEUR

Les rangs doivent être séparés d'environ 30 cm. Que l'on sème à la volée ou en rangs, les graines doivent être recouvertes de quelques millimètres de terre fine. Dès que les plants ont 2 à 4 feuilles, commencez l'éclair-

Diane McKay, Le Jardin du Grand Portage

202

cissage de façon que la racine se développe convenablement. On ne doit conserver qu'un navet tous les 10 cm.

## ENNEMIS SPÉCIFIQUES

Si les feuilles de vos navets sont attaquées par un insecte appelé altise, combattez-le avec les produits naturels existants.

## ENTRETIEN SPÉCIFIQUE

Binez régulièrement pour ameublir la terre et pour éliminer les mauvaises herbes.

## EXIGENCES EN EAU

À cause de sa rapidité de croissance, le navet est très exigeant en eau. Pendant les périodes chaudes, les arrosages peuvent être quotidiens.

## RÉCOLTE

Les navets sont récoltés lorsqu'ils mesurent entre 5 et 8 cm de diamètre. Si on les laisse trop longtemps en terre, ils peuvent devenir creux ou ligneux.

### Catégorie de légume

Racine (bulbe).

### Formes et couleurs

Il existe des oignons rouges, des oignons blancs, des oignons jaunes dont une race qui est appelée oignon jaune espagnol. Chaque catégorie comprend plusieurs variétés. Les oignons verts que l'on consomme en feuilles sont issus d'oignonnets.

*Oignons jaunes mûrs.*

> ## MISE EN GARDE
> *Les oignons blancs sont ceux qui se conservent le moins longtemps.*

### Ensoleillement minimum

8 à 10 heures.

### Qualités de la terre

Les oignons préfèrent les sols bien ameublis, légers, exempts de grosses mottes. N'ajoutez pas de matière organique (compost ou fumier) l'année de la plantation. Il est bon de cultiver des oignons à l'endroit où il y avait l'année précédente des concombres, des courges ou même des laitues et des choux.

### Mode de mise en terre

Semis direct en automne ou plantation de jeunes oignons issus de semis intérieurs, au printemps.

### Date approximative de semis intérieur

Du 15 au 30 mars.

### Époque de mise en terre au jardin

Les oignons issus de semis intérieurs ou de semis d'automne seront transplantés à leur place définitive à partir de la mi-mai.

### INTERVALLES ET PROFONDEUR

Lorsqu'on sème directement au potager, on recouvre les graines de quelques millimètres de terre fine. Installez les plants dans des rangs espacés de 30 cm, à environ 15 cm les uns des autres.

### ENNEMIS SPÉCIFIQUES

Même si les ennemis des oignons sont nombreux, il en existe peu qui, dans nos petits potagers, peuvent être si importants qu'ils nuisent à la production. Les insectes qui sont le plus à craindre sont les mouches de l'oignon.

### ENTRETIEN SPÉCIFIQUE

Sarclez régulièrement pour éliminer les mauvaises herbes. Quand les tiges des oignons commencent à jaunir en fin de saison, pliez-les et couchez-les sur le sol.

### EXIGENCES EN EAU

Les oignons n'ont besoin d'être arrosés que pour germer et, pendant la période de croissance, pour remédier aux sécheresses prolongées.

### RÉCOLTE

La récolte des oignons se fait théoriquement lorsque la tige a jauni. S'il fait beau à ce moment-là, arrachez les oignons, laissez-les sécher sur la terre pendant 2 ou 3 jours. Attachez-les ensuite en bottes et rentrez-les dans un endroit sec.

*Oignon rouge.*

*En fin de saison, on couche les tiges d'oignons pour en accélérer la maturation.*

# OSEILLE

**CATÉGORIE DE LÉGUME**

Légume-feuille à goût acide.

**FORMES ET COULEURS**

Les espèces les plus courantes sont: la grande oseille et l'oseille ronde. Ce sont des plantes vivaces.

**ENSOLEILLEMENT MINIMUM**

6 heures.

**QUALITÉS DE LA TERRE**

La terre idéale doit être consistante sans être trop argileuse, mais elle doit conserver suffisamment son humidité pour que le légume pousse bien toute la saison. Un apport copieux de fumier ou de compost au moment du bêchage est indispensable pour que la culture de l'oseille reste productive.

**MODE DE MISE EN TERRE**

La première année, semez l'oseille. Lorsque la touffe est grosse, divisez-la et plantez les jeunes sections.

**DATE APPROXIMATIVE DE SEMIS INTÉRIEUR**

Au dégel.

**ÉPOQUE DE MISE EN TERRE AU JARDIN**

La transplantation de l'oseille se fait au début du printemps ou au milieu de l'automne.

**INTERVALLES ET PROFONDEUR**

Semez les graines à 5 mm de profondeur, en rangs espacés de 30 cm. Lorsque les jeunes plants ont entre 5 et 10 cm de hauteur, éclaircissez-les à 30 cm les uns des autres.

**ENNEMIS SPÉCIFIQUES**

Attention aux limaces.

**ENTRETIEN SPÉCIFIQUE**

Pour assurer une croissance vigoureuse au plant d'oseille,

il est fortement conseillé de le changer de place tous les 3 ans et de l'installer dans une terre fraîchement enrichie.

## EXIGENCES EN EAU

L'oseille boit autant que les épinards et les laitues.

## RÉCOLTE

Il faut couper les feuilles avant la floraison. Lorsque celle-ci est terminée, on peut couper toutes les feuilles à ras de terre pour tenter d'obtenir une deuxième récolte.

### CATÉGORIE DE LÉGUME

Racine.

### FORMES ET COULEURS

Le panais est une longue racine blanche et lisse de la famille de la carotte.

### ENSOLEILLEMENT MINIMUM

6 à 8 heures.

### QUALITÉS DE LA TERRE

Le panais n'est pas exigeant: il pousse dans n'importe quel sol pourvu qu'il garde bien fraîcheur et humidité.

### MODE DE MISE EN TERRE

Semis direct.

### DATE APPROXIMATIVE DE SEMIS EXTÉRIEUR

Au dégel, quand la terre peut être travaillée sans coller. Le panais peut facilement être semé en automne avant que le sol commence à geler: on obtient ainsi une croissance hâtive au printemps.

### INTERVALLES ET PROFONDEUR

Recouvrez les graines de quelques millimètres de terre fine que vous tassez légèrement. Quand les plants sont assez grands pour être saisis entre les doigts, éclaircissez-les à 15 cm les uns des autres. Si l'on sème plusieurs rangs, ils doivent être distants d'environ 30 cm.

### ENNEMIS SPÉCIFIQUES

Le panais n'est pas un légume très recherché par les insectes.

### ENTRETIEN SPÉCIFIQUE

Binez régulièrement pour ameublir la terre et éliminer les mauvaises herbes.

### EXIGENCES EN EAU

Le point à surveiller est la régularité de l'approvisionnement en eau. Pour être tendre, le panais ne doit jamais en manquer.

### RÉCOLTE

En général, on récolte le panais après les premières gelées, mais on peut le laisser en terre tant qu'on n'en a pas besoin. Il peut également passer l'hiver enterré et être récolté au printemps.

# PASTÈQUE

### CATÉGORIE DE LÉGUME

Fruit. (Melon d'eau)

### FORMES ET COULEURS

Il existe des pastèques plus ou moins hâtives. Plus on vit dans une région où l'été est court, plus on choisit une variété hâtive. Il existe des melons à chair rose, à chair rouge, à chair jaune, à écorce verte ou presque noire, plus ou moins bariolée, à petits fruits et à gros fruits.

*Yves Gagnon, Le Jardin du Grand Portage*

'Yellow Baby'.

### ENSOLEILLEMENT MINIMUM

8 heures.

### QUALITÉS DE LA TERRE

La pastèque est un légume très exigeant en matières nutritives et en eau. Il lui faut donc une terre consistante, riche, mais suffisamment bien travaillée pour que les racines se développent rapidement. On peut même la semer directement dans un vieux compost.

### MODE DE MISE EN TERRE

Il faut planter la pastèque, le semis direct ne permettant pas, sous notre climat, de la mener à maturité.

### DATE APPROXIMATIVE DE SEMIS INTÉRIEUR

Au début d'avril. Les jardiniers aventureux peuvent essayer de semer la pastèque directement dehors, dans une terre bien égouttée, vers la fin d'avril.

### ÉPOQUE DE MISE EN TERRE AU JARDIN

Au début de juin lorsque la terre est bien réchauffée et que le climat permet de fournir à la pastèque toute la chaleur dont elle est gourmande.

### INTERVALLES ET PROFONDEUR

Lorsque l'on sème, que ce soit à l'intérieur ou à l'extérieur, les graines doivent être très légèrement recouvertes de terre que l'on tasse sans forcer. L'intervalle entre chaque plant doit être approximativement de 1 m. On estime en effet à environ 1 m² l'espace minimum pour cultiver chaque plant.

### ENNEMIS SPÉCIFIQUES

Dans la pratique, peu d'insectes s'attaquent à la pastèque. Par contre, les plants sont parfois atteints d'une maladie qu'on appelle «le blanc». On s'en débarrasse avec des produits à base de soufre.

### ENTRETIEN SPÉCIFIQUE

Les fleurs femelles, celles qui porteront les fruits, apparaissent plus tard que les fleurs mâles. Pour en activer la formation, il est important de **tailler** le plant de pastèque par beau temps et avec un couteau très bien aiguisé. Voici une méthode de taille simplifiée que l'on appelle la «taille longue».

Dès que le jeune plant porte 3 feuilles, on le coupe au-dessus de la deuxième feuille. Il se forme alors 2 nouvelles tiges latérales qu'on laisse se développer jusqu'à ce qu'elles aient 8 feuilles. On coupe alors l'extrémité de ces tiges. C'est sur les nouvelles tiges nées de cette taille que vont apparaître les fleurs femelles. Dès qu'elles sont fécondées, il faut couper l'extrémité de la tige au-dessus du dernier fruit. Toutes les tiges qui se développent une fois les jeunes fruits formés doivent être raccourcies à une seule feuille.

### EXIGENCES EN EAU

La pastèque est très exigeante en eau; il faut donc la cultiver dans une cuvette pour que l'eau puisse s'accumuler lors des pluies et des arrosages. Un bon paillis de gazon séché permet de garder la terre plus humide et plus fraîche au cours des journées chaudes, en plus de protéger les fruits qui pourraient pourrir au contact de la terre.

### RÉCOLTE

La récolte a lieu dès que les fruits sonnent creux quand on les tapote avec les doigts ou dès que les vrilles commencent à brunir. Cueillez la pastèque avec son pédoncule.

## CATÉGORIE DE LÉGUME

Fruit.

## FORMES ET COULEURS

Il existe une dizaine de variétés de piments forts. Certains sont très allongés, d'autres plutôt coniques, d'autres carrément ronds. En général, ils sont rouges, mais il existe aussi des variétés jaunes. Certaines variétés peuvent être récoltées lorsque les piments sont encore verts.

## ENSOLEILLEMENT MINIMUM

8 à 10 heures.

## QUALITÉS DE LA TERRE

Les piments ont absolument besoin d'une terre légère, mais très riche et consistante. Ils peuvent même pousser dans un vieux compost. Au moment du bêchage, il est important d'enrichir de matière organique la terre dans laquelle ils seront cultivés.

## MODE DE MISE EN TERRE

Plantation de jeunes semis produits à l'intérieur.

### MISE EN GARDE

*Si les plants que vous avez achetés portent des fruits, enlevez-les. Lors de la transplantation, les racines perdront assez d'énergie à se remettre du choc sans que vous les obligiez en plus à nourrir un fruit prématuré.*

## DATE APPROXIMATIVE DE SEMIS INTÉRIEUR

Pendant tout le mois de mars.

## ÉPOQUE DE MISE EN TERRE AU JARDIN

La transplantation a lieu à la fin officielle des risques de gel.

*Piments rouges longs.*

## INTERVALLES ET PROFONDEUR

Les plants doivent être espacés d'au moins 50 cm, ce qui permet de cultiver entre les rangs des légumes à croissance rapide comme les laitues, les radis, les navets.

## ENNEMIS SPÉCIFIQUES

Dans nos jardins, il est rare d'avoir à se préoccuper d'insectes ou de maladies pour la culture du piment.

## ENTRETIEN SPÉCIFIQUE

**Il est recommandé mais pas obligatoire** de ne pas laisser de jeunes fruits sur les plants au moment de la plantation. Ensuite, on peut éliminer toutes les tiges latérales jusqu'à l'apparition des premières fleurs. En fin d'été, coupez les bourgeons terminaux de toutes les tiges, pour forcer les derniers fruits à mûrir.

## EXIGENCES EN EAU

Pour que les fruits soient bien formés et suffisamment gros, il est important que les piments ne manquent jamais d'eau. Pour empêcher le sol de se dessécher trop rapidement, recouvrez-le d'un paillis de gazon séché. Arrosez au besoin.

## RÉCOLTE

Les piments se récoltent verts ou colorés selon l'usage que l'on veut en faire.

*Piments rouges coniques.*

*Piments jaunes coniques.*

# PISSENLIT

## CATÉGORIE DE LÉGUME

Feuille. Pour en réduire l'amertume, on consomme ce légume blanchi comme une endive.

## FORMES ET COULEURS

Les feuilles des variétés de pissenlit utilisées comme légume sont plus grosses et plus épaisses que celles du pissenlit sauvage.

## ENSOLEILLEMENT MINIMUM

4 à 6 heures.

## QUALITÉS DE LA TERRE

Le pissenlit s'adapte à tous les sols, mais il a une préférence marquée pour les sols frais, bêchés profondément et copieusement enrichis de matière organique.

## MODE DE MISE EN TERRE

Semis direct. Le pissenlit est une plante vivace cultivée comme une annuelle.

## DATE APPROXIMATIVE DE SEMIS EXTÉRIEUR

Dès que la terre peut être travaillée sans coller aux outils, jusqu'au début de juin. On peut aussi semer en automne, avant les premières neiges.

## ÉPOQUE DE MISE EN TERRE AU JARDIN

On peut repiquer les jeunes plants issus d'un semis trop dense dès qu'ils ont 2 feuilles.

## INTERVALLES ET PROFONDEUR

Les graines doivent être légèrement recouvertes de terre fine. Séparez les rangs de 50 cm et les plants de 20 cm. Éclaircissez en conséquence.

## ENNEMIS SPÉCIFIQUES

Les plus grands ennemis du pissenlit sont les limaces et les vapeurs d'herbicides venant de la pelouse.

### ENTRETIEN SPÉCIFIQUE

Sarclez régulièrement.

### EXIGENCES EN EAU

Si les plants manquent d'eau, l'amertume sera plus prononcée.

### RÉCOLTE

On récolte les feuilles de pissenlit, vertes ou blanchies, au fur et à mesure qu'on en a besoin. On les consomme en salade; verts, ils accompagnent merveilleusement les fèves au lard ou le cassoulet. Il y a plusieurs façons de **blanchir** les pissenlits:

• recouvrez les plants de terre légère ou de feuilles mortes au printemps, dès qu'ils sortent de terre;

• arrachez feuilles et racines à la fin de l'automne et replantez-les dans une cave obscure. La croissance est d'autant plus rapide que la cave est chaude.

*Pour blanchir, les pissenlits doivent être privés de lumière.*

### MISE EN GARDE

*Ne laissez pas les plants former fleurs et graines, sinon votre terrain sera infesté. Les jeunes fleurs peuvent être consommées comme des asperges lorsqu'on les cueille en jeunes boutons.*

### POUR VOUS FACILITER LA TÂCHE

*Les pissenlits sauvages sont tout aussi comestibles que les pissenlits cultivés. Pour vous débarrasser de ceux qui infestent votre pelouse, voici une recette infaillible. Munissez-vous de petits morceaux de bois d'environ 10 cm de diamètre. Dès que les premières feuilles pointent, couvrez-les d'un morceau de bois. Surveillez la croissance des plants et quand leurs dimensions sont respectables, tranchez la racine avec un couteau enfoncé dans le sol.*

## CATÉGORIE DE LÉGUME

Feuille.

## FORMES ET COULEURS

Il existe des variétés à feuillage plus ou moins bleuté, au fût (partie ronde) plus ou moins long, plus ou moins épais.

## ENSOLEILLEMENT MINIMUM

6 à 8 heures.

## QUALITÉS DE LA TERRE

Le poireau est un grand gourmand. La terre doit être consistante, souple et moelleuse, enrichie d'au moins 4 kg de matière organique par mètre carré. Elle doit bien conserver l'humidité.

## MODE DE MISE EN TERRE

Plantation de plants issus de semis intérieurs. On peut semer directement au jardin, mais les plants doivent être transplantés quand ils ont au moins 5 cm de hauteur. Au moment de la transplantation, couper toutes les feuilles d'un tiers pour limiter l'évaporation.

## DATE APPROXIMATIVE DE SEMIS

À la mi-mars à l'intérieur. Au dégel ou en automne à l'extérieur.

## ÉPOQUE DE MISE EN TERRE AU JARDIN

Dès que les semis sont prêts.

## INTERVALLES ET PROFONDEUR

Recouvrez les graines d'une fine couche de terre. Au moment de la transplantation, pratiquez des trous de 15 cm de profondeur et enfoncez-y les jeunes plants jusqu'à la jonction des premières feuilles. Ménagez une petite cuvette autour de chacun pour faciliter l'accumulation d'eau. Espacez les rangs d'environ 30 cm.

### ENNEMIS SPÉCIFIQUES

Les poireaux sont parfois la proie d'insectes appelés thrips. On peut les déloger avec un jet d'eau sous pression puis les écraser au sol.

### ENTRETIEN SPÉCIFIQUE

Pour faire blanchir le fût, buttez les plants au fur et à mesure qu'ils grandissent. Désherbez simultanément.

Pour obtenir de plus gros poireaux, **il est recommandé mais pas obligatoire** de couper les feuilles de moitié et de réduire les nouvelles dès qu'elles apparaissent et ce, quand les plants ont une dizaine de centimètres de hauteur.

### EXIGENCES EN EAU

Arrosez régulièrement au cours des périodes chaudes.

### RÉCOLTE

La récolte a lieu environ 4 mois après le semis. En fin de saison, on peut laisser les poireaux en terre jusqu'à ce qu'on en ait besoin, à condition que le sol ne gèle pas. Quand les froids arrivent, on peut conserver les poireaux arrachés sous un tas de feuilles ou dans une cave froide, plantés dans du sable.

*Jeunes plants prêts pour la transplantation.*

### CATÉGORIE DE LÉGUME

Graine. Dans le cas du pois mange-tout, on consomme aussi la gousse, qui est tendre. Ce sont des plantes grimpantes à vrilles.

### FORMES ET COULEURS

Il existe de nombreuses variétés de **petits pois**, à gousses plus ou moins longues, à grains plus ou moins

gros, à récolte plus ou moins hâtive. On les classe aussi en fonction de la longueur des tiges volubiles. La plupart des variétés de **pois mange-tout** sont naines, mais il existe des variétés géantes. Certaines sont plus sucrées que d'autres. Chez les pois, les variétés changent souvent, car c'est une plante facile à hybrider.

### ENSOLEILLEMENT MINIMUM

8 à 10 heures.

### QUALITÉS DE LA TERRE

Les meilleures terres à pois sont les terres argileuses, mais les sols sablonneux consistants donnent des résultats satisfaisants. La récolte est plus hâtive, mais moins abondante dans les terres sablonneuses. Il est conseillé de ne pas ajouter de matière organique l'année du semis. On peut donc cultiver le pois dans une terre qui a reçu des concombres, des laitues ou des choux l'année précédente.

### MODE DE MISE EN TERRE

Semis direct.

## Date approximative de semis extérieur

Le petit pois est une plante qui aime la fraîcheur et craint les grosses chaleurs. On peut donc le semer un peu après le dégel et jusque vers la fin de mai, en semis successifs: la germination est bonne quand le sol est à 5 °C et optimale quand il est à 12 °C. On peut recommencer les semis au début du mois d'août pour obtenir une récolte en octobre.

## Intervalles et profondeur

Le sillon de semis doit avoir environ 10 cm de profondeur. Déposez les graines au fond avec 3 à 5 cm d'espace entre elles et recouvrez-les de 1 cm de terre fine. Tassez légèrement, surtout si la terre est sèche. Espacez les rangs de 40 cm.

## Ennemis spécifiques

Il est rare que les pois soient très dérangés par les pucerons ou le mildiou, mais c'est possible. Appliquez les méthodes curatives appropriées dès le début de l'attaque. Les pires parasites du pois sont les oiseaux granivores. Nourrissez-

*Pois mange-tout.*

les dans une mangeoire pour leur enlever l'envie d'aller jouer dans vos cultures.

## Entretien spécifique

• Buttez dès que les plants atteignent 20 cm de hauteur.
• Placez les tuteurs, tendez les ficelles ou installez treillis ou clôtures qui serviront de support aux vrilles des pois.

### POUR VOUS FACILITER LA TÂCHE

*En début de culture, enroulez les jeunes tiges autour de leur support et ce, jusqu'à ce que les vrilles puissent se débrouiller seules.*

## EXIGENCES EN EAU

Bien que le printemps et l'automne soient généralement assez humides, l'arrosage est parfois nécessaire. Versez l'eau au pied des plants en quantité suffisante pour humecter 15 cm de profondeur. **Il est recommandé mais pas obligatoire** de couvrir la terre d'un paillis de gazon séché pour garder les racines au frais.

## RÉCOLTE

Pour jouir d'une récolte étalée, choisissez des variétés qui arrivent à maturité à des époques différentes. Le **moment** de la récolte est fixé en fonction de critères relativement précis: les gousses doivent être gonflées, vertes et douces au toucher et la forme des graines nettement marquée. Cueillez les pois **juste avant la consommation**, car les sucres se transforment rapidement en amidon. Avant la congélation, il est conseillé de les blanchir pendant une minute dans l'eau bouillante.

*Petits pois accrochés à du grillage.*

*Page précédente:*
*Petits pois accrochés à des ficelles.*

## CATÉGORIE DE LÉGUME

Fruit.

## FORMES ET COULEURS

Il existe un grand nombre de variétés de poivrons qui deviennent rouges à maturité. D'autres variétés sont jaunes ou violettes, ou même bariolées de violet et de rouge.

## ENSOLEILLEMENT MINIMUM

8 à 10 heures.

## QUALITÉS DE LA TERRE

Les poivrons ont absolument besoin d'une terre légère, mais riche et consistante. Ils peuvent même pousser dans un vieux compost. Il est important d'enrichir la terre de matière organique au moment du bêchage.

## MODE DE MISE EN TERRE

Plantation de jeunes semis produits à l'intérieur.

### MISE EN GARDE

*Si les plants que vous avez achetés portent des fruits, enlevez-les. Lors de la transplantation, les racines perdront assez d'énergie à se remettre du choc sans que vous les obligiez en plus à nourrir un fruit prématuré.*

## DATE APPROXIMATIVE DE SEMIS INTÉRIEUR

Pendant tout le mois de mars.

## ÉPOQUE DE MISE EN TERRE AU JARDIN

La transplantation au jardin a lieu à la fin officielle des risques de gel.

## INTERVALLES ET PROFONDEUR

Les plants doivent être espacés d'au moins 50 cm,

*Poivron vert.*

ce qui permet de cultiver entre les rangs des légumes à croissance rapide comme les laitues, les radis, les navets.

## ENNEMIS SPÉCIFIQUES

Dans nos jardins, il est rare d'avoir à se préoccuper d'insectes ou de maladies pour la culture des poivrons.

## ENTRETIEN SPÉCIFIQUE

Taillez toutes les tiges latérales jusqu'à l'apparition des premières fleurs. À l'automne, coupez les bourgeons terminaux de toutes les tiges pour forcer les derniers fruits à mûrir.

## EXIGENCES EN EAU

Pour que les fruits soient bien formés et suffisamment gros, il est important que les poivrons ne manquent jamais d'eau. Pour empêcher le sol de se dessécher trop rapidement, recouvrez-le d'un bon paillis de gazon séché. Arrosez au besoin.

## RÉCOLTE

On récolte les poivrons verts ou colorés selon l'usage que l'on veut en faire.

*Jeune plant de poivron vert.*

*Poivron rouge.*

## POUR VOUS DISTINGUER

*Pour récolter jusqu'à 2 semaines avant tout le monde et plus longtemps que tout le monde, cultivez des poivrons dans des pots en plastique noir ou mieux, dans un bac en bois surélevé, peint d'une couleur foncée (noir ou brun). La terre étant plus chaude, les racines absorbent plus d'eau et plus d'éléments nutritifs. Attention! Il faut arroser souvent.*

*Poivron bicolore.*

*Poivron orange.*

*Poivron violet.*

225

**CATÉGORIE DE LÉGUME**

Racine (tubercule).

**FORMES ET COULEURS**

Il existe des pommes de terre plus ou moins hâtives, des variétés blanches et des variétés rouges.

**ENSOLEILLEMENT MINIMUM**

8 à 10 heures.

**QUALITÉS DE LA TERRE**

La pomme de terre a une préférence marquée pour les terres légères, régulièrement enrichies de matière organique (2 kg par mètre carré) en automne. Un bêchage profond au printemps permet une aération adéquate de la terre.

**MODE DE MISE EN TERRE**

Plantation de tubercules entiers, de demi-tubercules ou de morceaux de tubercules comprenant au moins un bourgeon (renflement sur l'épiderme). **Il est recommandé mais pas obligatoire** de déposer une petite poignée de cendres de bois fraîches au fond du trou, avant de déposer le tubercule.

**ÉPOQUE DE MISE EN TERRE AU JARDIN**

Quand la terre s'est légèrement réchauffée, une semaine avant la fin officielle des risques de gelées printanières.

## POUR PRENDRE DE L'AVANCE

*Environ 4 semaines avant la plantation au jardin, faites germer les tubercules à l'intérieur, soit à l'air libre sur un papier absorbant mouillé, soit dans un pot de 15 cm rempli de terreau de rempotage humide. Quand les germes ont 4 ou 5 cm de longueur, coupez-les de moitié pour les faire ramifier. Plantez au jardin dès qu'il ne risque plus de geler.*

### INTERVALLES ET PROFONDEUR

Placez les tubercules dans des trous de 10 cm de profondeur et recouvrez-les de 5 cm de terre. Espacez les plants de 40 cm.

### ENNEMIS SPÉCIFIQUES

Le doryphore est l'ennemi héréditaire des pommes de terre. Dès le début de l'été, surveillez la présence, sous les feuilles, d'amas d'œufs orange. Détruisez les feuilles attaquées. Si des larves rougeâtres ou des adultes apparaissent, arrosez les plants avec un jet à pression pour faire tomber les insectes et écrasez-les avec le pied. On s'en débarrasse également avec un insecticide naturel, le B.T. (*Bacillus thuringiensis*). Il existe par ailleurs une guêpe prédateur du doryphore.

*Détruire les œufs de doryphore agglutinés sous les feuilles.*

### ENTRETIEN SPÉCIFIQUE

Quand les plants atteignent 20 cm, ramenez la terre en buttes au pied de chacun. Répétez l'opération toutes les 2 semaines au fur et à mesure que les plants poussent.

### MISE EN GARDE
*Pendant l'opération de buttage, attention de ne pas découvrir les tubercules, ce qui les ferait verdir.*

### EXIGENCES EN EAU

L'arrosage n'est vraiment nécessaire que lors de sécheresses prolongées.

## RÉCOLTE

Il faut près de 3 mois après la plantation pour obtenir une bonne récolte. Pour voir si les tubercules ont atteint la grosseur souhaitée, déterrez-en quelques-uns ou encore arrachez un plant complet. On récolte soit les pommes de terre nouvelles, quand le plant est encore bien vert, soit à maturité, quand le plant est jauni, presque mort.

## POUR VOUS DISTINGUER

*Les pommes de terre sont faciles à cultiver au balcon. Remplissez un pot de 25 cm de diamètre de terre spécialement conçue pour la culture en contenant. Plantez-y un morceau de tubercule et arrosez régulièrement, car la terre sèche plus vite en contenant qu'au sol.*

*Cultivées en pots, les pommes de terre sont généralement plus petites qu'en pleine terre. On peut récolter de 6 à 10 délicieuses pommes de terre nouvelles par plant, quand celui-ci est encore vert.*

## CATÉGORIE DE LÉGUME

Racine.

## FORMES ET COULEURS

Les variétés de radis sont classées selon l'époque théorique de la récolte. Il en existe plusieurs types.

• *Les ronds*, généralement des radis de printemps, qui préfèrent la fraîcheur et les jours courts:

- entièrement rouges;

- entièrement blancs;
- rouges à bout blanc;
- blancs à collet vert et à chair rouge;
- noirs, espagnol, à chair blanche (radis d'hiver).

• *Les longs*, généralement des radis d'été et des radis d'automne (vendus sous le nom pompeux de radis d'hiver):

- rouges à bout blanc;
- entièrement blancs;
- noirs, à chair blanche (espagnols).

## ENSOLEILLEMENT MINIMUM

6 à 8 heures.

## QUALITÉS DE LA TERRE

Les radis poussent mal dans les sols secs et compacts. Il leur faut une terre riche, bien travaillée, souple, de façon que les racines puissent se former sans obstacle. La terre doit être fraîche et doit bien garder son humidité pendant la saison chaude. Elle doit être légèrement enrichie de compost avant la culture.

## MODE DE MISE EN TERRE

Semis direct.

## DATE APPROXIMATIVE DE SEMIS EXTÉRIEUR

Dès que la terre peut être travaillée sans coller, on peut

semer les **radis de printemps et les radis d'été.** Les jeunes plants de radis supportent les gelées printanières. Pour étaler la récolte, on peut semer à répétition jusqu'en juillet. On sème les **radis d'hiver** à la fin de juillet ou au début d'août.

## INTERVALLES ET PROFONDEUR

On peut semer à la volée ou en rangs. Les graines ne doivent être recouvertes que d'une très mince couche de terre d'environ la même épaisseur que la graine elle-même. Espacez les rangs de 20 cm. Lorsque les plants de radis sont bien visibles, on peut commencer à éclaircir, de façon que les racines puissent se développer convenablement. Laissez environ la largeur de 2 doigts entre les plants. Les gourmets seront sans doute tentés de laisser pousser les jeunes radis un peu plus longtemps et de n'enlever les superflus que lorsque les racines sont formées et peuvent être dégustées comme des mets fins. On garde alors les feuilles pour les manger crues ou cuites.

## ENNEMIS SPÉCIFIQUES

Les jeunes plants sont parfois attaqués par les limaces, mais les insectes qui produisent le plus de dégâts, même s'ils sont peu répandus, sont les vers blancs et les vers gris. Lorsque la terre en est infestée, s'en débarrasser au moment du bêchage et en travaillant la terre régulièrement entre les rangs. Par mesure préventive, étendre un peu de cendres de bois fraîches sur le sol, à intervalles réguliers, et biner tout de suite après.

## ENTRETIEN SPÉCIFIQUE

Comme tous les légumes-racines, les radis doivent être désherbés régulièrement afin

d'éviter la concurrence pour les éléments nutritifs et l'eau.

### EXIGENCES EN EAU

Le point à surveiller est la régularité des approvisionnements. Pour éviter que les radis prennent un goût fort, ils ne doivent jamais manquer d'eau.

### RÉCOLTE

La récolte de radis se fait au fur et à mesure que l'on en a besoin, un mois ou moins après le semis, **juste après une pluie.** Plus ils sont jeunes, plus ils sont tendres et moins ils risquent d'être creux.

*Radis blancs.*

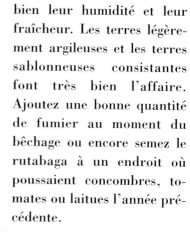

## CATÉGORIE DE LÉGUME

Légume-racine de la même famille que le chou et le navet.

## FORMES ET COULEURS

Il existe des rutabagas à chair jaune et à chair blanche.

## ENSOLEILLEMENT MINIMUM

6 à 8 heures.

## QUALITÉS DE LA TERRE

Le rutabaga se comporte très bien dans les sols qui gardent bien leur humidité et leur fraîcheur. Les terres légèrement argileuses et les terres sablonneuses consistantes font très bien l'affaire. Ajoutez une bonne quantité de fumier au moment du bêchage ou encore semez le rutabaga à un endroit où poussaient concombres, tomates ou laitues l'année précédente.

## MODE DE MISE EN TERRE

Le rutabaga est un légume à croissance rapide; on peut donc le semer directement au jardin.

## DATE APPROXIMATIVE DE SEMIS EXTÉRIEUR

Le semis de printemps a lieu au dégel, mais on peut aussi semer le rutabaga à l'automne avant que le sol gèle. Le rutabaga peut être semé par semis successifs (jusqu'en août) ou faire partie de cultures intercalaires.

## INTERVALLES ET PROFONDEUR

Les rangs doivent être séparés de 40 à 50 cm. Que l'on sème à la volée ou en rangs, les graines doivent être recouvertes de quelques millimètres de terre fine. Dès

que les plants sortent de terre, commencez l'éclaircissage de façon que la racine puisse se développer convenablement. On ne doit conserver qu'un plant tous les 15 cm.

### ENNEMIS SPÉCIFIQUES

Pour prévenir une attaque par les vers, mélangez un peu de cendres de bois fraîches au sol en binant.

### ENTRETIEN SPÉCIFIQUE

Binez régulièrement pour ameublir la terre et éliminer les mauvaises herbes. Étendez un paillis de gazon séché autour des plants.

### EXIGENCES EN EAU

Un manque d'eau, même passager, affecte la qualité de la racine.

### RÉCOLTE

Les rutabagas sont récoltés lorsqu'ils mesurent au moins 8 cm de diamètre. Si on les laisse trop longtemps en terre, ils peuvent devenir durs et ligneux, à moins qu'on enlève les feuilles: dans ce cas, le sol peut servir pour un certain temps de lieu de conservation.

*Binez pour garder la terre propre et meuble.*

## CATÉGORIE DE LÉGUME

Fruit.

## FORMES ET COULEURS

Les tomates se classent en fonction de leur couleur. Dans chaque classe, on trouve des fruits de grosseurs et de formes variées.

*Fruits roses:* tomates à gros fruits seulement.

*Fruits rouges:* tomates à gros fruits, tomates cerises, tomates en forme de poire ou en forme de prune, tomates italiennes (oblongues).

*Fruits jaunes:* tomates à gros fruits, tomates cerises, tomates en forme de poire ou en forme de prune. Les tomates jaunes sont plus sucrées et plus digestibles que les tomates roses ou rouges.

### MISE EN GARDE

*Dans chaque classe et sous-classe de tomates, on trouve des variétés à **croissance indéterminée,** c'est-à-dire qui poussent vigoureusement sans limite préétablie de hauteur. Les variétés à **croissance déterminée** donnent des plants nains et très compacts qui produisent autant que les autres, mais qui prennent moins de place. Leur feuillage est généralement beaucoup plus foncé que celui des autres variétés.*

## ENSOLEILLEMENT MINIMUM

8 heures.

## QUALITÉS DE LA TERRE

La terre doit être légère, mais consistante. Elle doit être enri-

*Tomates cerises rouges.*

chie de compost ou de fumier à raison d'un sac de 30 litres par mètre carré, bêchée et ameublie au croc ou au râteau.

## POUR VOUS FACILITER LA TÂCHE

*Les tomates se cultivent facilement en pots. Utilisez une terre de jardin moelleuse à laquelle vous ajouterez 25 % de vermiculite. Ou bien, achetez du terreau en sac dont la composition a été spécialement étudiée pour la culture en contenants. Vous y ajouterez un peu de compost.*

*Les plants à croissance déterminée sont plus compacts que les plants à croissance indéterminée.*

### MODE DE MISE EN TERRE

Plantation de plants issus de semis.

## MISE EN GARDE

*Si les plants que vous avez achetés portent des fruits, enlevez-les. Lors de la transplantation, les racines perdront assez d'énergie à se remettre du choc sans que vous les obligiez en plus à nourrir un fruit prématuré.*

### DATE APPROXIMATIVE DE SEMIS INTÉRIEUR

Environ 60 à 80 jours avant la fin officielle des risques de gelées printanières.

*Les cages de métal sont très pratiques, mais gênent un peu l'accès à l'intérieur des plants.*

**237**

## POUR VOUS DISTINGUER

*Voici une expérience origi-nale qui a été tentée par l'auteur et qui tend à prou-ver que le semis à l'extérieur est possible. Si, en fin de sai-son, il vous reste quelques tomates mûres sur des plants vigoureux, faites-les tomber et laissez-les pourrir sur le sol. Protégées par une neige abondante, les grai-nes peuvent passer l'hiver dehors et germer au prin-temps. Dans mon potager, à la fin du mois de mai, une douzaine de plants de tomates émergeaient d'un sol rougi par les fruits en bouillie. Il a suffi de les transplanter... Essayez, vous verrez.*

### ÉPOQUE DE MISE EN TERRE AU JARDIN

Dès la fin officielle des risques de gelées printanières.

### INTERVALLES ET PROFONDEUR

Espacez les plants de 50 à 60 cm pour qu'ils obtiennent un ensoleillement maximum. Les variétés géantes atteignant 2 m doivent être espacées d'au moins 1 m.

*Page précédente:*
*Tomates italiennes.*

*Les plants à croissance indétermi-née peuvent avoir besoin d'un tuteur de 2 m.* **Albert Gunhouse**

*Voici une façon originale et artis-tique de tuteurer ses tomates quand il y a un bricoleur talentueux dans la famille. Ces véritables sculptures sont faites de tuyaux de cuivre soudés.* **Geneviève Saint-André**

239

On peut improviser des tuteurs de bois qui, dans ce cas-ci, sont mi-tuteur, mi-cage.

Quand on cultive une grande quantité de plants à croissance déterminée, on peut se passer de tuteur, mais les fruits risquent de pourrir au contact de la terre.

### ENNEMIS SPÉCIFIQUES

Dans un potager, il est rare qu'un insecte ou une maladie mette en péril la croissance ou la production des tomates. Le cas échéant, éliminer les feuilles tachées. Ne pas cultiver des tomates 2 années de suite au même endroit.

### ENTRETIEN SPÉCIFIQUE

• *Tuteurer:* pour leur garantir un ensoleillement adéquat, il faut tuteurer les plants de tomates. La nature des tuteurs varie énormément, du simple piquet de bois à la sculpture de métal, en passant par les cages en métal, les treillis, les ficelles

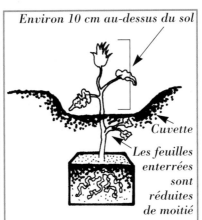

Environ 10 cm au-dessus du sol

Cuvette

Les feuilles enterrées sont réduites de moitié

Motte coupée au couteau →

Plant de longueur normale (15 à 20 cm).

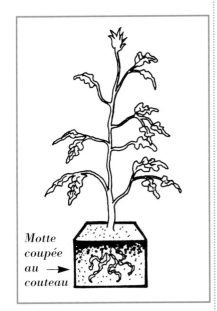

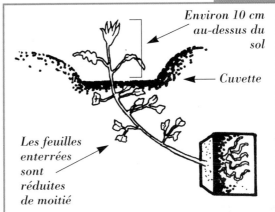

Environ 10 cm au-dessus du sol

Cuvette

Les feuilles enterrées sont réduites de moitié

Motte coupée au couteau →

Plant très long (+ de 20 cm)

tendues entre deux piquets, etc. Placez un lien tous les 20 à 30 cm.

• *Tailler:* afin de forcer les plants à orienter toutes leurs énergies vers la production de fruits, il est préférable d'éliminer dès leur apparition les tiges latérales qui naissent à la base des feuilles sur la tige principale. Ces tiges latérales sont appelées **gourmands.** Éliminez-les d'un coup d'ongle quand ils sont encore tout petits. La meilleure façon de bien contrôler les gourmands consiste à passer les plants en revue deux fois par semaine en se promenant dans le jardin.

• *En fin de saison:* enlevez les feuilles qui peuvent empêcher le soleil de faire mûrir les fruits. Vers le début du mois d'août, coupez l'extrémité de la tige principale, juste au-dessus du dernier bouquet de fleurs. Si vous cultivez en bac, retardez cette opération de 2 semaines.

*Page précédente:*
*Tomates jaunes.*

## EXIGENCES EN EAU

La tomate boit beaucoup. Ménagez une cuvette au pied de chaque plant pour que le plus d'eau possible soit mis à la disposition des racines. Recouvrez le sol d'un paillis de gazon séché.

## POUR VOUS DISTINGUER

*Voici une façon de fournir aux plants de tomates une réserve d'eau très utile en cas de temps chaud et sec:*
• *coupez en deux des bouteilles de boisson gazeuse en plastique de 2 litres;*
• *faites 2 ou 3 petits trous avec un clou dans le fond de chaque contenant;*
• *enterrez les contenants dans la terre jusqu'à leur limite supérieure, à 20 ou 30 cm de chaque côté des plants de tomates;*
• *remplissez les contenants avec de l'eau;*
• *au cours de l'été, vous pouvez ajouter un peu d'engrais soluble dans l'eau.*

## RÉCOLTE

La récolte commence une dizaine de semaines après la plantation.

## POUR VOUS DISTINGUER

*Pour récolter jusqu'à 2 semaines avant tout le monde et plus longtemps que tout le monde, cultivez des tomates dans des pots en plastique noir ou mieux, dans un bac en bois surélevé, peint d'une couleur foncée (noir ou brun). La terre étant plus chaude, les racines absorbent plus d'eau et plus d'éléments nutritifs. Attention! Il faut arroser souvent.*

Voici quelques façons de disposer des **tomates vertes** en fin de saison:

• Si les fruits marquent une très légère coloration, emballez-les un par un dans du papier journal et mettez-les dans un endroit frais, sans les entasser. Ou bien, faites-les mûrir sur le bord d'une fenêtre ne recevant pas plus de 2 heures de soleil par jour.

• Jetez au compost celles qui sont très dures ou très petites.

• Faites du ketchup vert ou des confitures de tomates vertes avec les autres: poids égal de tomates et de sucre, un citron et une orange pour 5 kg de fruits, pas d'additifs.

*En fin de saison, coupez l'extrémité des plants de tomates.*

*Enlever les feuilles active la maturation des fruits presque mûrs, mais entrave celle des fruits qui n'ont pas fini leur développement.*

## CATÉGORIE DE LÉGUME

Légume-racine (tubercule) qui se consomme cru ou cuit comme une pomme de terre, même s'il est plus sucré et moins riche en amidon.

## FORMES ET COULEURS

Il existe des topinambours blancs et des topinambours rouges. Ce sont des plantes rustiques, originaires du Canada et voisines du tourne-sol. Les tubercules de topinambour peuvent passer l'hiver dans la terre, ce qui en fait une plante vivace.

## ENSOLEILLEMENT MINIMUM

6 à 8 heures.

## QUALITÉS DE LA TERRE

Le topinambour pousse dans tous les sols, même les sols pauvres, mais sa croissance et sa production sont d'autant plus importantes que le sol est riche. La récolte est plus facile dans les terres sablonneuses (mais consistantes). Enfouissez une bonne dose de compost ou de fumier composté (2 kg par mètre carré) au moment du bêchage, comme pour la pomme de terre.

## MODE DE MISE EN TERRE

Plantation de tubercules entiers, de demi-tubercules ou de morceaux de tubercules comprenant au moins 2 bourgeons (renflements sur l'épiderme). Faire tremper les tubercules ramollis dans l'eau pendant une journée avant la plantation. **Il est recommandé mais pas obligatoire** de déposer une petite poignée de cendres de bois fraîches au fond du trou, avant de déposer le tubercule.

*Diane McKay, Le Jardin du Grand Portage*

246

## ÉPOQUE DE MISE EN TERRE AU JARDIN

La plantation de printemps a lieu dès que la terre peut être travaillée sans coller aux outils. La plantation d'automne doit être terminée avant que le sol commence à geler.

## POUR VOUS FACILITER LA TÂCHE

*La plantation d'automne est plus pratiquée que la plantation de printemps parce que les tubercules sont plus faciles à trouver à ce moment-là dans les commerces spécialisés en fruits et légumes.*

## INTERVALLES ET PROFONDEUR

Faites des trous de 10 cm de profondeur et espacez les tubercules de 40 cm environ. Les rangs de topinambour doivent être à au moins 1 m du rang de légumes le plus proche.

## MISES EN GARDE

• *Attention, ce sont des plantes géantes (parfois plus de 2 m) qui projettent une ombre dense autour d'elles.*
• *Comme les topinambours peuvent devenir envahissants avec les années, il est fortement conseillé de leur réserver un coin spécial et restreint.*

## ENNEMIS SPÉCIFIQUES

Si par hasard un insecte se posait sur un plant de topinambour, il ne ferait pas assez de dommage pour affecter la production.

## ENTRETIEN SPÉCIFIQUE

Désherbez régulièrement. Buttez régulièrement au fur et à mesure que la plante grandit. Enlevez les bourgeons floraux pour que la plante se concentre sur la production de tubercules, à moins que vous n'utilisiez le topinambour comme plante ornementale ou pour la production de fleurs coupées. Dans ce cas, les tubercules seront plus petits.

## EXIGENCES EN EAU

Les arrosages sont nécessaires seulement en cas de sécheresse prolongée.

## RÉCOLTE

Elle commence après les premiers gels d'automne. On peut récolter les topinambours tard en saison, car leur goût s'améliore avec le froid. Si la récolte n'est pas terminée quand le sol est gelé, les tubercules sont laissés en terre et arrachés au printemps.

## TABLEAUX RÉCAPITULATIFS

**LÉGUMES-FEUILLES**
- artichaut
- asperge
- bette à carde
- brocoli
- céleri
- chou
- épinard
- laitue
- oseille
- pissenlit
- poireau
- tétragone

**LÉGUMES-FRUITS**
- aubergine
- cantaloup
- citrouille
- concombre et cornichon
- courge
- courgette
- pastèque
- piment
- poivron
- tomate

**LÉGUMES-GRAINES**
- gourgane
- haricot *(vert, jaune, rouge, grimpant)*
- maïs
- pois et pois mange-tout

**LÉGUMES-RACINES**
- ail
- betterave
- carotte
- céleri-rave
- chou rave
- navet
- oignon
- panais
- pomme de terre
- radis
- rutabaga

**LÉGUMES QUI DEMANDENT UNE GROSSE DOSE DE FUMIER OU DE COMPOST AU BÊCHAGE**
- asperge
- aubergine
- cantaloup
- céleri
- chou
- citrouille
- concombre
- cornichon
- courge
- épinard
- laitue
- pastèque
- piment
- poivron
- tétragone

**LÉGUMES QUI DEMANDENT BEAUCOUP D'EAU PENDANT LA CROISSANCE**
- asperge
- aubergine
- cantaloup
- céleri
- chou
- citrouille
- concombre
- cornichon
- courge
- épinard
- laitue
- navet
- pastèque
- piment
- poivron
- radis
- tétragone

**LÉGUMES QUI SE CONTENTENT DE TERRAINS PAUVRES**
- ail
- oignon

# DURÉE GERMINATIVE DES GRAINES

*Les graines demeurent capables de germer pendant plusieurs années, mais plus les années passent, plus le nombre de celles qui peuvent le faire diminue.*
*Conservez les graines dans des sachets de papier entreposés dans un endroit sec et aéré où la température ne dépasse pas 10 °C.*

| | | | | |
|---|---|---|---|---|
| Artichaut: | 5 à 10 ans | | Laitue: | 5 à 8 ans |
| Asperge: | 5 à 7 ans | | Maïs: | 2 à 3 ans |
| Aubergine: | 5 à 7 ans | | Navet: | 5 à 6 ans |
| Bette à carde: | 5 à 7 ans | | Oignon: | 2 ans |
| Betterave: | 5 à 6 ans | | Oseille: | 5 à 6 ans |
| Brocoli: | 4 à 6 ans | | Panais: | 2 à 5 ans |
| Cantaloup: | 6 ans | | Pastèque: | 8 à 10 ans |
| Carotte: | 4 à 5 ans | | Persil: | 3 à 9 ans |
| Céleri: | 8 à 10 ans | | Piment: | 4 à 5 ans |
| Cerfeuil: | 2 à 3 ans | | Pissenlit: | 2 à 3 ans |
| Chou: | 4 à 6 ans | | Poireau: | 2 à 3 ans |
| Ciboulette: | 3 ans | | Pois: | 3 à 5 ans |
| Citrouille: | 8 à 10 ans | | Poivron: | 4 à 5 ans |
| Concombre: | 8 à 10 ans | | Radis: | 2 à 3 ans |
| Courge: | 8 à 10 ans | | Rutabaga: | 5 à 6 ans |
| Épinard: | 4 à 5 ans | | Tétragone: | 4 à 5 ans |
| Gourgane: | 4 à 6 ans | | Thym: | 5 à 6 ans |
| Haricot: | 4 à 5 ans | | Tomates: | 4 à 6 ans |

## LES BASES D'UN CONCOURS DE POTAGER MUNICIPAL

*Un concours de potager peut être une belle façon d'occuper les jeunes pendant l'été, mais pour les motiver un peu plus, il faut leur faciliter la tâche et les encourager.*

### CATÉGORIES, PRIX ET MENTIONS

L'expérience prouve qu'il est préférable de créer trois catégories, sans égard au sexe:

- les 7 à 10 ans;
- les 11 à 14 ans;
- les 15 à 19 ans.

Il y aura trois gagnants dans chaque catégorie. Ce serait une erreur que de vouloir récompenser tout le monde. Par contre, l'attribution de mentions saura conserver l'intérêt pour le concours d'une année à l'autre. La nature des mentions est indiquée par un **(M)** dans la liste des critères.

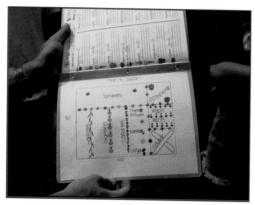

*Afin que les jeunes puissent à la fois se souvenir de ce qu'ils ont fait et analyser les rendements de leur potager, il est fortement recommandé de leur faire remplir un carnet de bord. L'intérêt des informations contenues dans le carnet de bord sera évalué par le juge.*
*Sabrina Villeneuve*

*Certains concurrents portent une attention particulière à la présentation de leur potager. Il suffit parfois de quelques menus détails dont le juge tiendra compte.*
*Nadine Leclair*

### MOYENS DE MOTIVATION

\* Au départ, il est important que l'enfant ou l'adolescent qui participe au concours sente qu'on l'encourage. Un parent ou un grand-parent doit mettre à sa disposition une partie du terrain familial bien placée et suffisamment grande, toutes proportions gardées, pour que sa créativité puisse s'exercer sans restriction majeure. Il faudra ensuite s'arranger pour lui fournir les outils et l'aide nécessaire pour enlever la pelouse existante ou pour défricher le terrain.

* Permettre au jeune jardinier de se référer à un bon livre de jardinage.
* Laisser une place importante à l'imagination et à la créativité dans la conception et le design aussi bien que dans le choix des méthodes de culture, y compris l'expérimentation de nouvelles méthodes.
* Dans la mesure du possible et selon les moyens de chacun, ou peut-être même symboliquement, rémunérer le jeune horticulteur amateur pour son travail qui fournit de bons légumes.
* Remettre aux gagnants des prix en argent et des mentions assorties de cadeaux, le tout offert par des organismes ou des commerçants locaux.

*Voici une façon sympathique de présenter au juge les plus beaux trophées de la récolte; ici une betterave.*
*Véronique Poitras*

### CRITÈRES DU JUGEMENT

Les critères sont les mêmes pour toutes les catégories, mais les barèmes changent. Le (**M**) signifie que celui qui, dans chaque catégorie, s'est distingué pour ce critère recevra une mention.

* Originalité de la forme et de l'emplacement (**M**)
* Propreté des allées et du pourtour
* Originalité du choix des espèces (**M**)
* Intégration des fleurs dans le potager
* Compagnonnage
* Espacement des plants et des rangs
* Cultures intercalaires et semis successifs
* Place prévue pour la rotation des cultures
* Technique de culture appropriée à chaque espèce
* Innovation dans une technique ou essai d'une technique inaccoutumée pour une espèce précise (**M**)

*Quand la fierté gagne les concurrents, ils ont parfois une façon très délicate de le manifester.*
*Caty Fortin*

**251**

*Voici une autre belle façon de montrer à la fois sa fierté et sa récolte.*
**Meggie et Marjorie Carrey**

- État sanitaire des végétaux
- Importance de la production et justesse du stade de récolte
- Utilisation de techniques écologiques dans la lutte contre les ennemis des cultures, preuves à l'appui
- Utilisation de l'espace (**M**)
- Originalité et soin apportés à la présentation générale et à la décoration (**M**)
- Justesse des justifications requises par le juge au moment de la visite.

## JUGEMENT

- L'évaluation des potagers devra être faite par une ou plusieurs personnes, professionnelles ou non, capables d'appliquer les critères en connaissance de cause. Ces personnes devraient être choisies dans une municipalité différente, de façon à éviter les conflits d'intérêt.
- L'idéal est que les potagers soient visités à deux reprises: à la mi-juillet et à la mi-août. Cela permet de mieux juger de l'évolution du potager.
- Le ou les juges devraient être en mesure de conseiller les jeunes sur un aspect ou un autre de la culture.
- La décision des juges est sans appel.

# INDEX

**253**

# TABLE DES MATIÈRES